数 据 资 产 丛 书

DATA PRIVACY ACROSS BORDERS

Crafting Corporate Strategies

数据跨境和隐私

企业数据合规指南

[荷] 兰伯特·霍根豪特（Lambert Hogenhout）
[美] 阿曼达·王（Amanda Wang） ◎ 著

马欢 惠蕾 谢洪涛 ◎ 译

机械工业出版社
CHINA MACHINE PRESS

本书中文简体字版由 Technics Publications 授权机械工业出版社独家出版。未经出版者预先书面许可，不得以任何方式复制或抄袭本书的任何部分。

北京市版权局著作权合同登记　图字：01-2024-6280 号。

图书在版编目（CIP）数据

数据跨境和隐私：企业数据合规指南 /（荷）兰伯特·霍根豪特 (Lambert Hogenhout),（美）阿曼达·王 (Amanda Wang) 著；马欢，惠蕾，谢洪涛译 . -- 北京：机械工业出版社，2025. 6. --（数据资产丛书）.
ISBN 978-7-111-78095-3

Ⅰ . D99-62

中国国家版本馆 CIP 数据核字第 20259JL827 号

机械工业出版社（北京市百万庄大街 22 号　邮政编码 100037）
策划编辑：刘　锋　　　　　　　　责任编辑：刘　锋
责任校对：马荣华　张雨霏　景　飞　　责任印制：单爱军
保定市中画美凯印刷有限公司印刷
2025 年 6 月第 1 版第 1 次印刷
170mm×230mm·11.5 印张·109 千字
标准书号：ISBN 978-7-111-78095-3
定价：69.00 元

电话服务　　　　　　　　　　　网络服务
客服电话：010-88361066　　　　机　工　官　网：www.cmpbook.com
　　　　　010-88379833　　　　机　工　官　博：weibo.com/cmp1952
　　　　　010-68326294　　　　金　　书　　网：www.golden-book.com
封底无防伪标均为盗版　　　　机工教育服务网：www.cmpedu.com

在数字化时代，数据的流动已成为全球经济和社会发展的重要驱动力。然而，随着数据的跨境传输日益频繁，个人隐私保护和数据安全问题也日益凸显，成为一项全球性的挑战。本书正是为了应对这一挑战，深入探讨各个国家和地区在个人隐私保护和数据跨境中的法律差异，为读者提供实践策略。

在数据跨境传输的过程中，个人隐私的保护面临着诸多挑战。首先，欧盟、美国、中国、巴西、印度、加拿大、新加坡、南非等不同国家和地区已经纷纷建立了自己的数据保护法律和法规。这些不同的数据保护法律和法规之间存在较大差异，这导致了数据在跨境传输时可能面临法律上的冲突和不确定性。其次，数据在跨境传输过程中可能会受到未经授权的访问，也可能被泄露或篡改，给个人隐私带来了极大的风险。最后，随着大数据和人工智能等技术的广泛应用，个人数据的挖掘和分析能力得到了极大的提升，这也使个人隐私的保护变得更加复杂和困难。

然而，面对这些挑战，我们不能因噎废食。数据的跨境传输在促进全球贸易、推动科技创新、提升社会治理水平等方面都具有重要意义。相关的企业不仅要了解其所在国家相关的法律合规要求，还需要了解国际上的相关情况。我们引进并翻译本书，既是对全球数据跨境和隐私保护前沿智慧的汲取，更是为中国企业在数据要素流通大潮中寻找国际合作提供一份战略合规指南。

本书一共 7 章，大致可以分为三个部分。第一部分（第 1 ～ 3 章）介绍数据隐私法规的大量关键概念，关于个人数据的概念，以及全球的隐私法规概览。第二部分（第 4 ～ 6 章）介绍跨国组织在数据隐私方面面临的挑战，并给出相关应对战略的制定和实施过程。第三部分（第 7 章）详细介绍各种新兴技术对数据隐私的影响。总览全书，不涉及深奥的法律和技术讲解，用通俗易懂的语言对数据跨境和隐私保护进行了全方位的介绍，不仅适合法律合规人士阅读，还适合向广大非法律专业人士普及数据跨境和个人隐私保护的相关知识。

最后，除了要感谢和我一起翻译本书的两位译者，还要特别感谢联想集团中国平台数据安全与隐私保护委员会秘书长、联想集团首席资深数据安全与隐私保护法律顾问张忻（CDMP），雅培中国网络安全总监陈皓（CDMP），兰迪律所执行主任、高级合伙人丁学明律师（CDMP），以及数责科技（上海）创始人兼 CEO、合规社主理人、《大模型安全、监管与合规》作者王贤智。几位老师以第一读者的身份，非常专业地帮助我们审校了本书，并提出宝贵的修改意见，是他们的支持和帮助，才使得本书能够顺利面世。我相信，在大家的共同努力下，我们一定能够构建一个更加安全、可信、繁荣的数字世界。

马欢

|前言|

2023 年 5 月，Facebook 母公司 Meta 被处以 12 亿欧元的罚款。2021 年，亚马逊被罚款 7.46 亿欧元。我们可能每个月都会听到有关侵犯数据隐私的新闻，这引发了公众对移动应用程序和人工智能（AI）平台的担忧。显然，数据隐私正成为企业在跨境使用数据时面临的一个关键问题——在当前数字化快速发展的世界中，这意味着几乎所有企业都将面临这个问题。

这不仅仅是潜在罚款的问题。大多数企业的发展依赖客户和合作伙伴的信任，而负责任地处理数据是维持这种信任的关键所在。数据丑闻可能会损害公司的声誉，降低市场份额，而提升透明度和尽职调查力度则有助于提升公众对品牌的认知。一些公司已经将其数据隐私承诺作为战略差异化因素。

本书为跨国组织制定数据隐私战略提供了指导。在当前环境下，大量个人数据被收集、处理和共享，组织都面临着越来越大的审查压力，以及保护个人隐私权利的法律义务。尽管有许多针对特定司法管辖区的资源，但许多组织处理的是在全球范围内收集的数据。这给组织的数据合规，以及维护全球客户、合作伙伴或利益相关者的信任方面带来了复杂的影响。更为复杂的是，各类移动应用（如 iOS 和 Android 上的应用）以及社交网络平台都有各自的数据隐私要求。因此，如果你的组织在产品或服务中，或在与客户互动时会使用这些平台，还必须遵守它们的服务条款。

随着个人数据在更多系统中发挥作用，相关的挑战正日益增加。设想一下，一段时间内你的汽车会随时追踪你的位置。现在，假设在这段时间内某个地方发生了一起犯罪事件。那么，汽车收集到的关于你的数据在某种程度上是高度个人化的，因为它可能会为你提供不在场证明（或者将你列为嫌疑人）。欧盟的《通用数据保护条例》（GDPR）等法规明确提到了此类数据，并要求对其进行特别审慎的处理。需要注意的是，在汽车中使用位置数据的好处非常多。GPS 车辆追踪系统在以下情境中非常有用：当你的车辆被盗或被拖走时，它可以协助你找回车辆；在发生事故时，它可以帮助紧急救援人员更快地找到你；它还可以帮助保护亲人，比如监测青少年的驾驶情况或年长父母的活动。因此，必须在提供效用（服务或产品）与尊重客户权利（数据隐私和保护）之间找到平衡。

本书旨在阐述全球主要的数据隐私法规，分析跨国组织在处理数据时面临的挑战，并就如何制定企业数据隐私战略提供具体建议，以确保组织实现合规和风险管理，同时在内部和外部建立信任。事实上，这是一份规划相关战略的实用指南。该战略将包括个人数据隐私计划，会详细说明如何在不同的业务流程和更全面的企业战略、企业文化中保护数据和尊重数据隐私。

本书面向以下读者：跨国组织中的数据隐私官、首席数据官、首席信息官、法务官及其他高管、数据从业者、小微企业主、应用程序开发人员，以及其他在跨国环境中处理数据的人员等。我们假设读者已经具备了数据隐私和保护的基本知识。

本书不是法律建议。虽然本书可以帮助你理解法规并启动制定战略的过程，但关于各种法规的详细信息仅供参考。这些法规在本书中经过了较大程度的简化（大多数法规本身就足以写成一本完整的书，而且这些书确实存在）。在大多数情况下，法律定义更详细地界定了含义、允许的事项或涵盖的范围。而我们的目标是方便广大读者理解本书，并从战略角度解释一般概念。这就是为什么我们会尽可能使用直白的语言（而不是"法言法语"），并有意省略了法规的某些方面。当然，一旦开始实施数据隐私战略，你需要研究法规的细节和精确的法律定义，或寻求法律专业人士的帮助。

本书不为你的组织提供现成的解决方案，也不深入探讨数据隐私计划实施的细节。它提供了对问题空间的理解和应对方法。制定战略的细节，最终制订计划以及实施计划，都需要时间。在较大的组织中，这个过程应该与信息技术部门、数据管理团队和法律团队合作完成。

本书共 7 章，每章都侧重于数据隐私法规、挑战和战略的一个特定方面，为读者提供详细信息、实践案例和可行的指导：

第 1 章将探讨制定数据隐私法规的历史背景，包括臭名昭著的数据泄露事件及其他丑闻。本章将介绍与数据隐私相关的关键概念和术语，如个人信息、同意、合法利益、数据控制者和数据处理者等。我们还将介绍数据隐私法规背后的动机，强调在创新和技术进步与个人隐私权之间取得平衡的必要性。此外，我们还会探讨围绕数据收集和处理实践的道德和社会考量，为读者理解监管环境奠定基础。有经验的数据隐私从业者可以跳过本章。

第 2 章将重点介绍个人数据及其范围内的各类信息。我们还将回顾保护个人数据的原则和最佳实践，讨论数据最小化、目的限制和存储限制的概念。有经验的数据隐私从业者可以跳过本章。

第 3 章将分享来自不同国家和地区（欧盟、美国、中国、巴西、印度、加拿大、新加坡和南非）的法规示例。目的是让你了解可能遇到的各种类型的法规。利用这些知识打好基础后，我们将在后续章节学习如何设计组织战略。

第4章将提出在全球范围内运营的组织在协调不同数据隐私法规方面面临的挑战。首先，本章强调从数据流动的角度理解组织跨国运营特性的重要性。然后本章将探讨法规冲突和跨境数据流动的挑战。本章还将讨论文化和伦理考量，以及在不同文化中平衡隐私权与商业目标的必要性——可以在多元文化环境中建立信任并提升透明度。

第5章将介绍如何为跨国组织制定数据隐私战略，讨论企业数据隐私方法的基本要素，这些要素能够满足多个国家的合规要求，并保持对多元文化和利益相关群体的敏感性。本章还会讨论一些策略，比如基于共同原则实现全球隐私框架，或者采用基于风险的方法来优先考虑合规性工作。第5章还将讨论数据隐私战略与组织的数据战略、IT战略和风险管理框架之间的相互作用。到第5章结束时，读者将学会一种方法论，用于设计适用于各种规模的组织的数据隐私战略。

第6章将介绍如何实施数据隐私战略。虽然实施细节超出了本书的范围，但高层次的实施计划可能会作为战略的一部分随战略一并策划。本章将探讨这种实施计划的一些具体要素，包括数据保护官（DPO）的角色和责任、数据隐私影响评估（DPIA）、同意管理、数据泄露通知和事件响应等。

第 7 章将介绍全球数据隐私的未来趋势。数据隐私是一个持续发展的领域，其发展在很大程度上得益于技术的不断发展。人工智能等新技术带来了新的数据隐私问题，同时，层出不穷的新技术也支撑着数据隐私保护。本章将探讨数据隐私和数据保护的未来挑战和考虑因素，重点关注人工智能（包括 OpenAI 的 GPT 系列产品等生成式人工智能平台）等新兴技术及其对数据隐私和保护的影响，并讨论刚投入应用的同态加密、零知识证明和多方计算等隐私增强技术（PET）。本章还将涵盖元宇宙和一般虚拟环境对隐私的影响。

|目录|

1

关于数据隐私法规

　　数据隐私法规的出现体现了法律和社会规范为应对技术普及而产生的演变。要理解这些法规，我们必须深入了解制定这些法规的历史背景，认识到重大数据隐私泄露事件的影响，并理解公众对更严格的个人数据保护措施的呼声和需求。接下来，我们将学习数据隐私领域的一些关键概念和术语。在本章的最后，我们将展望未来，因为数据隐私领域正在快速发展。

1.1　历史背景

　　政府数据隐私法规的理念是由不断发展的技术和对数字革命日益增长的社会关切所推动的。随着计算机和互联网的出现，个人以及公司和政府收集、处理和存储的数据量呈指数级增长。数据成为广告、营销和技术等行业公司的关键资产。这些公司收集和使用个人数据的方式经常对用户不完全透明。许多引人注目的数据泄露和滥用（包括在未经同意的情况下使用个人数据）案例，引起了公众对数据隐私问题的关注。需要对此负责的不仅仅是以盈利为目的的公司，在许多国家，政府和企业通常也会以国家安全或商业利益为由进行广泛监控，这引发了关于安全与隐私平衡的公众辩论。

2013 年，美国国家安全局（NSA）前承包商爱德华·斯诺登的爆料是一个关键的转折点。斯诺登披露了许多全球监控项目，其中许多由 NSA 和"五眼情报联盟"运行，这引发了关于隐私、监控以及国家安全与个人权利之间平衡的国际辩论。

随着时间的推移，这些事件给政府施加了压力，促使其采取行动并制定法规以保护个人数据。

在私营企业，数据管理不善的影响在全球范围内都有体现。例如，2017 年 Equifax 数据泄露事件泄露了美国约 1.47 亿人的个人数据，包括他们的社会保障号码和地址。这次泄露事件凸显了公司持有大量个人数据以及安全措施不充分的风险。2018 年 Facebook 的"剑桥分析"丑闻是另一个重大的警钟。这家政治咨询公司在未经同意的情况下收集了数百万 Facebook 用户的个人数据，用于政治宣传。这一事件引发了关于同意问题、将个人数据用于精准投放以及数字平台对民主进程影响的更广泛的讨论。

2023 年 ChatGPT 的突然走红也引发了关于数据隐私的问题。

特别是因为这种新型的生成式 AI 是出了名的难以解释和不透明。它使用了数 TB 的公共数据进行训练，其中一些就是个人数据。此外，它还使用了受版权保护的文字和艺术作品进行训练，并据此生成新内容。这方面的合法性仍在讨论中。

随着技术的不断发展，那些过去由于规模庞大而被认为相对安全的数据池和数据流，也在机器和算法面前一览无余。互联网也使数据更容易被跨境收集和共享。云端的社交网络、音乐流媒体和电子邮件服务使追踪信息的去向变得更加困难。各国对数据隐私的标准不同，导致人们担心数据被转移到数据隐私标准较低的国家。这一直是推动全球数据隐私标准和法规发展的重要因素。

多年来，人们对于隐私作为一项人权的理解已经发生了演变。联合国宣布隐私是人类尊严和个人自主权不可或缺的一部分。这种伦理考量一直是制定许多数据隐私法规的主要推动力。

1.2 关键概念和术语

以下这些类型的基本概念和原则是数据隐私法规经常使用的：

- 基本定义（个人数据、数据处理者和数据控制者、特殊类别

数据、群体隐私等）

- 数据收集原则（目的、同意、数据最小化、公共利益、合法
  利益等）
- 数据所有权原则（问责制、准确性、风险、存储限制、清
  除等）
- 法规的适用范围（实质范围、地域范围）
- 与公民权利相关的概念（数据可迁移性、被告知权、访问权、
  更正权、反对权、删除权）

以下是对部分概念和术语的详细解释。

1.2.1　个人数据

数据隐私的核心是个人数据，它指的是任何可用于识别个人身份的信息。法规和政策中经常使用的一个更具体的术语是个人可识别信息（PII）。PII 指的是任何可以单独使用或与其他数据共同使用来识别、联系或定位某个人，或在特定环境中识别个人身份的信息。例如，姓名、社会保障号码、电子邮箱地址、银行账户详细信息，甚至是 IP 地址或 cookie ID 等"数字指纹"。

我们在此不会深入讨论，详见第 2 章。

1.2.2　数据主体

数据隐私法规中最重要的角色是数据主体。它是指特定个人数据所涉及的已识别或可识别的自然人。可识别的自然人或数据主体指的是可以用直接或间接的方式，特别是通过检索姓名、身份证号码、位置数据、在线标识符等标识，或检索该自然人的物理、生理、遗传、心理、经济、文化或社会身份的一个或多个特定因素，来识别的人。例如，如果一家公司从其网站用户那里收集姓名、电子邮箱地址、位置或 IP 地址等数据，那么这些用户就是数据主体。作为数据主体，他们在数据保护法律下拥有某些权利。

1.2.3　数据控制者和数据处理者

处理数据时，还需要定义另外两个重要角色：数据控制者和数据处理者。数据控制者是决定处理个人数据的目的和方式的实体，数据处理者是代表控制者处理数据的一方。这两个角色在各种数据隐私法规下都有不同的责任和义务。例如，假设 Anna 开设了一家珠宝制作的家庭企业，并在网站上在线销售她的产品。她使用 SwiftParcel 物流公司来交付订单。在这个过程中，她收集客户的姓名和地址，并将这些信息提供给 SwiftParcel。在这里，Anna 是数据控制者——决定为什么以及如何处理个人数据。SwiftParcel 是数据处理者——代表 Anna 并遵循她的指示处理个人数据。

1.2.4 目的

在数据隐私的背景下，目的这一术语指的是收集、处理、存储和使用个人数据的具体原因或理由。目的很重要，因为它通常决定了在特定法律下数据收集是否公平或合法。一般而言，目的陈述必须明确、合法且必要。通常，在获取数据主体同意时必须向其说明目的。

当然，事后改变主意并将数据用于不同目的是不公平的。因此，许多法规包含目的限制的概念，即不应以与所述目的不相容的方式收集或处理数据。

1.2.5 同意

同意意味着数据主体同意其数据被收集、存储、处理、共享或以其他方式操作。在许多情况下，只有在数据主体明确同意的情况下才能处理其个人数据。许多法规对同意进行了特定的定义——并不是任何类型的按钮点击或表格上的签名都能构成同意。通常，同意必须是自愿的、具体的、知情的，并且是明确表示的。

1.2.6 数据泄露

数据泄露是指未经授权的人员获取、更改、披露或销毁个人数据的一种安全事件。法规通常对数据控制者或数据处理者在发现数据泄露事件时必须遵守的程序有明确要求——通常包括通知数据主体和／或监管机构。

1.2.7 地域范围

地域范围指的是法律适用的地理区域。通常是相关国家的领土，但有时也会进一步扩展（称为域外适用）。例如，如果所处理的数据是在该国领土内收集的，或者与该国公民相关，则该法律可能适用。

1.2.8 数据最小化

数据最小化指的是对个人数据的收集、存储和使用应仅限于特定、明确且合法的目的所必需的范围。这意味着实体（如公司或组织）应只收集、处理和存储为实现其目的所需的最少量的数据，而不应超出此范围。相关概念还包括数据应是适当的（适合其目的）、相关的（与目的相关）和有限的（仅限于必要的数据）。数据最小化是许多法规的要求，同时也是一种良好的实践。

1.2.9　问责制

问责制意味着组织对其所控制的个人数据负有责任。根据许多法规的要求，组织不仅必须遵守数据保护原则，还必须能够证明其遵守了这些原则。例如，可以通过记录其数据处理活动，采用隐私设计原则，进行数据保护影响评估（DPIA），任命数据保护官（DPO），或为员工提供培训和提升意识等措施来证明。

1.2.10　特殊类别数据和群体隐私

许多法律定义了特别敏感的特殊类别数据。例如，《通用数据保护条例》（以下简称 GDPR）特别提到了以下类型的个人数据：

- 种族或民族
- 政治观点
- 宗教或哲学信仰
- 工会成员身份
- 遗传数据
- 生物特征数据（用于身份识别目的）
- 健康数据

如你所见，这类数据涉及较高的歧视风险。因此，特殊类别数据与群体隐私的概念紧密相关。许多法律不仅旨在保护个人权利，还旨在保护群体权利，无论是种族、宗教、政治还是其他群体。在大数据时代，这尤为重要，因为汇总的数据集可能会揭示单个数据点无法反映的群体信息。例如，分析汇总的健康数据可能会揭示某些种族或民族群体在健康结果方面的差异。

1.2.11　存储限制

存储限制是保护数据主体的另一重要概念。简单而言，个人数据不应被保留超过所需的时间。一旦数据收集的既定目的已经实现，相关数据就应被删除或匿名化。例如，若你是一家在线零售商，收集客户的送货地址是为了将产品发送给他们，那么在产品送达后，就不应无限期地保留该地址，除非有正当理由（如客户在你这里有账户并可能再次下单，或为了报税）。

1.2.12　清除

清除是数据生命周期管理中的关键环节，在确保遵守数据隐私法律和法规方面发挥着重要作用。例如，存储期限的限制可能要求清除数据；当个人行使其"被遗忘权"（或"删除权"）时会要求清除数据。根据多项法规，组织在清除数据时必须确保数据无法被恢复或重建。

清除听起来似乎很简单——只需删除即可，对吗？实际上，这通常是一个相当复杂的过程。数据清除可能涉及以下几种方法：

- 物理销毁：对于纸质文件或磁盘等物理介质，可以采用粉碎、切割或焚烧等操作清除。
- 数字删除：对于存储在电子设备中的数据，简单地删除文件或格式化驱动器通常是不够的，因为这些数据仍可能被恢复。相反，应采用能够彻底覆盖数据的安全删除方法。
- 消磁：对于磁性存储介质，可以使用消磁设备彻底扰乱存储的数据，使其无法被识别。
- 加密擦除：如果数据在存储时已经进行了加密，那么处置加密密钥可以使数据变得无法读取。

正确地清除数据不仅对于维护数据隐私和遵守法规至关重要，同时也是降低数据泄露风险的关键措施。

1.2.13　公共利益

在数据隐私法规的背景下，公共利益是指为整个社会带来利益或保障的活动或行为。根据某些法规，公共利益可以作为处理个人数据的合法依据之一。这意味着组织在某些情况下可以不经过个人同意处理其数据，前提是处理个人数据对于执行公共利益任务或行使数据控制者被赋予的官方权力是必要的。例如，公共卫生项目（如追踪和控制 COVID-19 类的传染病）可以被视为符合公共利益。同样，预防犯罪或采取公共安全措施等活动通常也基于公共利益。然而，什么构成"公共利益"是一个复杂的法律问题，并且在不同的司法管辖区可能有所差异。通常需要在公共利益和个人隐私权之间取得平衡。

1.2.14 合法利益

许多法规将合法利益列为处理个人数据的合法依据之一。那么，合法利益是什么意思呢？根据 GDPR，如果数据处理"对于控制者或第三方所追求的合法利益是必要的，那么除非这些利益凌驾于数据主体的利益、基本权利和自由之上，而这些权利和自由需要个人数据的保护"，否则该数据处理是合法的。

根据不同司法管辖区的规定，公司的合法利益可能涵盖多种情形。例如，企业可能因防止欺诈（如验证身份）、直接营销（向现有客户推销产品）、信息技术和网络安全（确保其信息技术基础设施的安全性）或报告和分析（了解客户行为并改进产品或服务）等原因，具有合法利益处理个人数据。

　　因此，这一定义对数据主体来说可能显得过于宽泛。然而，即使企业确定了其合法利益，仍然需要进行"合法利益评估"（LIA）。LIA 是一种风险评估方法，旨在平衡企业利益与个人的利益、权利和自由。如果数据处理不公平地侵犯了个人的合法利益或最大利益，则不得进行。例如，如果处理个人数据以进行直接营销会对个人造成不必要的损害，那么这种处理就超越了企业的合法利益的范畴。

1.2.15　数据可迁移性

　　数据可迁移性是一项权利，允许个人以结构化、常用和机器可读的格式接收其提供给数据控制者的个人数据，并将这些数据传输给另一控制者。此权利增强了个人对其数据的控制，促进了竞争和创新，使数据共享能够为个人带来更多利益。

　　例如，你可能在使用某个社交媒体平台，随着时间的推移，你发布照片、更新状态、点赞页面并建立好友网络。如果你决定转向新的社交媒体平台，根据数据可迁移性权利，你可以要求从原平台获取所有个人数据的副本，格式为结构化、常用和机器可读的形式。然后，你可以将这些数据上传至新平台，从而简化转换过程。

1.2.16 画像

画像（Profiling）涉及对个人偏好、行为、兴趣、位置及活动轨迹的分析，通常用于各个领域，包括营销、人力资源、医疗保健和风险评估。例如，画像可以用于发送定向广告、预测未来行为或决定个人是否符合某项服务的资格。一些法规对画像的使用做出了限制。

1.2.17 数据保护作为一项人权

数据保护正逐渐被视为一项基本人权（例如在 GDPR 中）。随着我们的生活愈发数字化，互联网中大量的个人数据被处理和共享，这些数据成为我们自身越来越重要的一部分。

GDPR 明确指出："个人数据的处理应以服务人类为宗旨。保护个人数据的权利并非绝对权利，应结合其在社会中的功能来考量，并需依据比例原则与其他基本权利相平衡。"

世界各地的其他司法管辖区也通过法律法规承认数据保护作为人权的重要性。例如，《加州消费者隐私法》（CCPA）赋予加州居民知晓企业收集的个人数据、删除企业所持有的个人数据，以及选择不将其个人数据出售的权利。尽管联合国《世界人权宣言》未具体提及数据保护，但确立了隐私权，而数据保护是隐私权的关键组成部分，这一观点常见于关于数据保护作为人权的讨论中。

随着人工智能的迅速普及，全球各地正在进行关于如何在人工智能和机器学习中确保有效的数据保护的讨论。

1.2.18　PIA 和 DPIA

PIA 代表隐私影响评估，DPIA 代表数据保护影响评估。通过分析所处理的个人数据及现有的数据保护政策，这些工具可用于识别和减轻组织面临的隐私风险。

PIA 是一个帮助组织识别和最小化新项目或政策隐私风险的过程。PIA 确保组织在技术开发的早期阶段即融入隐私保护，而非在事后才加以考虑。

DPIA 是欧盟 GDPR 中的一项具体要求。当数据处理（尤其是使用新技术）可能对自然人的权利和自由形成高风险时，必须进行 DPIA。该过程包括系统性地分析项目或计划可能对个人隐私产生的潜在影响，并涵盖描述应对已识别风险的措施。DPIA 需描述处理操作、处理目的，评估处理操作的必要性及相称性，评估对个人的风险，并描述解决风险的措施（包括安全措施）以及合规性证明措施。因此，DPIA 是主要在 GDPR 背景下使用的一种特定类型的 PIA。

1.2.19 删除权 / 被遗忘权

删除权 / 被遗忘权是许多法律赋予公民的权利之一：组织可能被要求删除特定主体的数据。这还包括从所有备份中删除数据，因此这对应用程序设计和数据系统管理将产生技术影响。彻底可靠地执行此类删除的要求，可能会对数据操作的初始设计产生重大影响。

1.2.20 自动化决策

自动化决策是指在没有人工干预的情况下做出的决策，通常依赖于算法或机器学习模型。这些决策通常基于收集的个人数据。自动化决策在许多情况下可能带来益处，使流程更高效并减少人为偏见。然而，它也引发了重要的隐私和伦理问题。事实上，它可能会引入新的偏见和不公平现象。

1.2.21 风险

数据所带来的风险可以作为确定应遵循的要求或程序的依据。

一些法规规定了针对高风险数据类型需采用不同的保护措施以及不同的数据泄露处理程序。

1.3 数据隐私法规背后的动机

为什么政府要制定数据隐私法规？其目标是什么？是为了在日益数字化的世界中保护个人的基本权利。尽管互联网和数字技术带来了诸多益处，但它们也对隐私构成了重大挑战。数据收集的规模和速度，以及即时广泛地分析和共享数据的能力，可能使个人面临潜在的风险。

数据隐私法规旨在平衡技术创新和进步带来的机遇和利益与保护个人权利的需求之间的关系。保护个人数据不应妨碍创新，而应促进隐私增强技术（PET）的发展，并增强人们对数字服务的信任。

数据隐私法规还旨在为企业提供法律上的确定性并创造公平竞争的环境。在全球数字市场中，拥有一套明确统一的规则有助于确保公平竞争并推动经济增长。

除了法律层面的考虑，数据隐私还涉及重要的伦理和社会问题。

从伦理角度来看，数据隐私是一种对人的尊严的尊重。它涉及个人控制其信息的权利，以及决定谁可以收集这些信息、如何使用这些信息以及与谁共享这些信息的权利。

从社会角度来看，数据隐私有助于在个人和组织之间建立界限，促进健康的民主社会的形成。它使个人能够为自己创造并维护一个空间，使他们能够自由地进行交流和参与政治及社会活动，而不必担心受到监视或报复。

在大数据时代，这些问题变得尤为重要。随着大量数据被收集和处理，个人与数据收集者之间的权力不对称可能导致潜在的数据滥用和对个人的伤害，范围从歧视到操纵不一而足。

1.4 社会考量

数据隐私具有广泛的社会影响。随着越来越多的个人数据在网络和全球范围内传播，理解和应对这些影响比以往任何时候都更加重要。数据隐私最明显的社会考量之一，或许是它与个人自主权和人权的联系。数据隐私通常与个人自由相关——即保留关于自身的信息并选择性地展示这些信息的权利。然而，由于企业、政府和其他实体大量收集数据，这种个人自由可能面临风险。如果数据在未经同意或缺乏透明度的情况下被收集，可能会破坏个人的自主权，侵犯个人隐私权，甚至威胁到其他权利，如言论自由和结社自由。

另一个关键的社会考量是歧视和偏见的潜在可能性。例如，如果不适当加以管理，自动化决策和分析可能会延续社会不平等现象。当算法使用种族、性别或社会经济地位等敏感信息作为决策因素时，可能导致不公平的结果。这可能会无意中使某些群体处于不利地位，延续社会差距和偏见。

数据隐私对民主和治理也有重大影响。如果缺乏适当的控制，政府对数据的使用就可能导致监视行为，从而侵犯公民的隐私权。有许多分析指出，2016 年美国大选可能受到了社交网络的影响，政府通过对个别公民进行分析并向其投放特定的在线内容来影响其政治观点。这最终可能威胁到民主价值观，如言论自由和私人生活的权利。此外，缺乏隐私保护可能会让人们担心潜在的后果，使他们不敢公开表达自己的观点，从而限制民主讨论。

从经济角度来看，数据隐私是消费者对数字经济信任的一个重要组成部分。如果企业对其数据收集实践保持透明并采取措施保护用户数据，消费者更有可能信任它们。相反，数据泄露会给企业造成声誉损害和财务损失，影响数字经济的整体健康。尊重数据隐私成为良好的商业实践，它应被视为组织环境、社会和治理（ESG）承诺的一部分。

在社会层面解决数据隐私问题需要采用多学科方法，结合法律、伦理、技术和社会等多个角度。对公众进行数据隐私问题的教育至关重要，这有助于培养隐私文化，确保个人能够就其数据做出明智决定。从长远来看，一种既尊重个人权利又能实现数据分析益处的平衡方法，可以帮助创建一个更加公平和尊重隐私的数字社会。在第 3 章中，我们将通过一系列例子来探讨不同国家如何努力实现这一目标，包括欧盟的 GDPR、美国的 CCPA 以及全球其他地区的相关法规。

|第 2 章| CHAPTER

关于个人数据

个人数据是本书讨论的核心内容，它是数据隐私法规的主要关注对象。作为许多现代数字服务的基础，个人数据正逐渐成为一种宝贵的资产。然而，个人数据也可能成为一种负担。它为组织带来了重大风险，同时在某些情况下又必须要妥善保存。随着组织继续利用个人数据的潜力不断发展，理解其复杂性以及处理个人数据时伴随的义务变得至关重要。

为了制定数据隐私战略（我们将在第 5 章中探讨），首先需要深入理解个人数据。可以肯定的是，许多组织都在不知不觉中处理着个人数据。

在本章中，我们将深入探讨个人数据的定义和性质，探索保护个人数据的基本原则和最佳实践，并讨论新兴技术和平台带来的挑战与思考。

2.1 个人数据的定义

我们都可以想到一些显而易见的个人数据示例：姓名、地址、出生日期，甚至某人的 Netflix 浏览记录。然而，还有许多更为微妙的情况和模糊地带。准确定义个人数据并非易事，实际上，各国法规对其定义也存在差异。作为数据隐私战略的制定者，你需要确保涵盖所有可能使组织面临风险的数据，因此定义的准确性非常重要。有时，问题不在于单一的数据项，而在于多个数据项的组合可能导致对个人身份的识别。时间和地点的信息也很关键，我们将在后续部分进行探讨。

为了开始我们的讨论，请注意"个人数据"这一术语包含两个部分："个人"和"数据"。

2.1.1　个人

首先，我们来看看不同法规对"个人"的定义：

欧盟 GDPR 第 4（1）条规定：

"……'个人数据'是指与已识别或可识别的自然人（'数据主体'）相关的任何信息。可识别的自然人是指能够直接或间接通过姓名、身份证号码、位置数据、在线标识符，或者通过一个或多个特定的身体、生理、遗传、心理、经济、文化或社会身份特征被识别的人。"

我们稍后将深入探讨"可识别性"这一概念。

CCPA 第 1798.140 节（o）（1）款规定：

"'个人信息'是指能够识别、涉及、描述、合理地与特定消费者或家庭相关联，或可能合理地直接或间接与特定消费者或家庭联系的信息。"

CCPA 对"个人信息"的定义比 GDPR 对"个人数据"的定义更广泛，因为它还涵盖了与家庭相关的信息，而不仅仅是个人自身的信息。

巴西《通用数据保护法》（以下简称 LGPD）第 5（Ⅰ）条规定：

"个人数据：关于已识别或可识别自然人的信息。"

这一定义比 GDPR 和 CCPA 的定义更加简洁。但基本思想是相同的：任何能够识别或用于识别自然人的信息。

南非《个人信息保护法》（以下简称 POPIA）第 1 节规定：

"'个人信息'是指与可识别的、在世的自然人相关的信息，在适用的情况下，还包括与可识别的现存法人相关的信息。"

有趣的是，这项法律将定义扩展到了法人，即公司等法律实体。

2.1.2　数据

接下来，我们来看看不同法规中，哪些类型的数据构成了个人数据。

GDPR 第 4（1）条中对"个人数据"的规定见 2.1.1 节。

在定义"可识别"这一术语时，GDPR 列举了构成个人数据的具体数据元素。在实践中，这些还包括所有以任何方式被分配或可以被分配给个人的数据。例如，个人的电话号码、信用卡号、员工编号、账户数据、车牌号码、外貌特征、客户编号或地址都是个人数据。

CCPA 第 1798.140 节（o）（1）款也列出了众多例子：

A. 标识符，如真实姓名、别名、邮政地址、唯一个人标识符、在线标识符、互联网协议地址、电子邮箱地址、账户名、社会保障号码、驾照号码、护照号码或其他类似标识符。

B. 第 1798.80 节（e）小节中描述的任何类别的个人信息。

C. 受加州或联邦法律保护的分类特征。

D. 商业信息，包括个人财产、购买、获得或考虑的产品或服务的记录，或其他消费历史或倾向。

E. 生物特征信息。

F. 互联网或其他电子网络活动信息，包括但不限于浏览历史、搜索历史，以及有关消费者与互联网网站、应用程序或广告交互的信息。

G. 地理位置数据。

H. 音频、电子、视觉、热感、嗅觉或类似信息。

I. 职业或就业相关信息。

J. 教育信息，定义为《家庭教育权利和隐私法案》（20 U.S.C. Sec.1232g；34 C.F.R.Part 99）中定义的不公开的个人可识别信息。

K. 从本款规定中确定的任何信息中推断出的，用于创建反映消费者偏好、特征、心理趋势、倾向、行为、态度、智力、能力和资质的消费者画像。

这些数据元素中的一些，比如地理位置数据，会产生重大影响，我们稍后会看到。与互联网相关的数字信息，如浏览历史记录（即"cookie"），也是我们稍后将详细讨论的内容。值得注意的是，第 K 条明确包含了反映人们偏好的消费者画像这一概念。

CCPA 第 1798.140 节（o）（2）和（o）（3）款还明确了不包括的内容：

（o）（2）"个人信息"不包括公开可用的信息。就本段而言，"公开可用"是指联邦、州或地方政府记录中合法公开的信息。"公开可用"不包括企业在消费者不知情的情况下收集的生物特征信息。

（o）（3）"个人信息"不包括已去标识化的消费者信息或汇总的消费者信息。

在美国，如果你买了房子，销售记录是公开的；除非你选择不被列出，否则你的电话号码也可能会被公开；你的汽车登记信息由机动车管理局公开。因此，这些不包括在个人信息之内。事实上，美国许多公司通过销售此类数据来赚钱。

新加坡 2012 年的《个人数据保护法》（以下简称 PDPA）在第 2（1）条中对"个人数据"进行了定义：

"'个人数据'是指关于可识别的个人的数据，无论其是否真实——（a）可通过该数据识别；或（b）可通过该数据和组织获得或可能获得的其他信息中识别。"

一个重要的补充是：将来自不同来源的数据组合起来，可以识别原来无法一眼就能识别出的个人。它需要全面审视组织中收集的所有数据。此外，"无论其是否真实"这一表述也是一个有趣的补充。

南非POPIA第1节列出了各种数据类型：

- 与个人的种族、性别、怀孕状况、婚姻状态、国籍、民族或社会出身、肤色、年龄、身心健康、福祉、残疾、宗教信仰、良知、文化、语言和出生相关的信息；
- 与个人的教育、医疗、财务、犯罪或就业历史相关的信息；
- 任何能够识别个人的号码、符号、电子邮箱地址、物理地址、电话号码、位置信息、在线标识符或其他特定分配给该个人的信息；
- 个人的生物特征信息；
- 个人的意见、观点或偏好；
- 个人发送的隐含或明确具有私密或机密性质的通信，或进一步披露原始通信内容的通信；

- 他人对该个人的看法或意见；
- 如果个人的姓名与其他个人信息一起出现，或者仅披露姓名本身就会揭示有关该个人的信息，则包括该人的姓名。

这个广泛的定义涵盖了多种数据类型，所包含的信息范围非常广泛，包括生物特征信息、个人意见等。有趣的是，它还包括他人对该个人的看法。如果有人创建了一个关于某个人看法的数据库，目的是形成该人的档案，这种情况属于个人信息可能是显而易见的。然而，对于一个在线论坛，其中包含用户对他人意见的评论并隐含或明确地表达对其他用户的看法的评论，又该如何理解呢？

2.1.3　识别个人数据的挑战

上述列举的一些个人数据示例非常直观。其他示例则不那么明显，特别是在组织的日常运营背景下，容易忽视某些个人数据或敏感数据。

假设我们拥有一家汽车制造公司。虽然我们的车辆没有配备先进的自动驾驶技术，但我们确实可以从汽车中收集一些机械状况数据，以帮助客户提前发现他们车辆的问题，并改进我们的技术，如制动系统和碰撞警告功能。我们会在每次车辆检修时下载这些数据。

这些数据包括位置（GPS）信息和运行数据，如在某特定时间的速度。乍看之下，这些数据对我们的工程师来说可能是无害的。然而，位置和速度的结合可能会揭示出驾驶员是否在某个特定时间违反了交通法规。通过车辆的注册号码，并交叉参考我们跟踪的汽车销售和服务预约客户数据库，能够识别出驾驶员的身份。

现在，想象一下我们的客户正面临一场复杂的离婚诉讼，他的配偶指控其不忠。此时，位置信息可能突然变成极其个人化的信息。或者，再设想该地区发生了一起银行抢劫案，这时，车辆在特定时间的位置信息可能成为客户的不在场证明（或相反，将其列为嫌疑人）。根据某些法规，这些数据现在实际上可能已经被归类为敏感数据。

通过汽车、恒温器、门口摄像头、运动手表或其他设备获取数据现在已经变得十分常见。这些数据用于远程操作设备、提供警报（如烟雾探测器），或提供额外服务，如每周的锻炼报告或汽车的能源消耗报告。现在已经有智能冰箱可以远程告知你它里面的东西了，这在你进行超市购物时是一个便利功能。如果你的组织不紧跟这一趋势，利用数据为客户提供现代化服务，可能会落后于竞争对手。然而，所收集的数据通常可以被归类为个人数据，尤其是当不同的数据元素被组合在一起时。

有关数字行为的数据，如浏览历史，是另一个极具挑战性的领域。假设一个新的场景：我们经营一家时装公司，通过电子商务网站在线销售产品。我们通过"cookie"收集数据，其中一些 cookie 是网站运营所必需的（例如，用于跟踪客户的虚拟购物车），另一些则用于提升用户体验（例如，向客户推荐相关产品，如女装而非男装或童装）。我们的营销团队也使用这些数据来设计新的营销活动，他们关注那些浏览多种类型产品的客户。例如，四十多岁的女性客户有时也会浏览儿童服装，或者年轻人既购买牛仔裤又购买运动服。这样做的目的是联合品牌或搭配相关产品。

尽管数据隐私官已经审查了数据的收集方式及其用途，但营销部门经常会提出创新的新构想，并要求网站工程师存储一些额外的 cookie。他们决定利用这些数据来识别那些浏览过婴儿服装和孕妇装的年轻女性，并将她们的联系方式提供给一家活动管理公司，以邀请她们参加特别的营销活动。然而，他们并未将这种新的数据使用方式告知数据隐私官。显然，他们未能尊重个人数据隐私，可能会给组织带来风险。

收集在线行为信息尤其棘手，因为收集这些信息极其容易。你点击的每个链接、光标在图片上停留的时间、在页面上的停留时长，以及你输入的每个字符都可以轻而易举地且几乎无成本地被采集到。这在技术上几乎不需要任何成本。但对于你的组织而言，在数据所带来的风险和合规义务方面，其成本却是不容忽视的。

2.1.4 敏感数据

大多数法规，包括 GDPR、CCPA、南非的 POPIA、巴西的 LGPD，甚至早在 1988 年实施的澳大利亚《隐私法》，都认可敏感个人数据这一单独的类别。这一概念认为，这类数据对个人的基本权利和自由（特别是隐私权）构成了更高的风险，因此需要更严格的监管措施。

敏感个人数据的定义因国家而异，但通常包括以下几类信息：

- 种族或民族
- 政治观点
- 宗教或哲学信仰
- 工会会员身份
- 遗传数据或生物特征数据
- 健康数据
- 犯罪记录或犯罪行为

然而，可能还存在其他类别。例如，中国的《个人信息保护法》（以下简称 PIPL）将 14 岁以下儿童的个人信息归类为敏感数据。

对此类信息的滥用、未经授权的访问或披露可能会对相关个人造成重大伤害，包括歧视、污名化、声誉损害，甚至可能引发人身伤害或暴力行为。鉴于这些风险，许多数据保护法律对这类数据实施了更严格的规定，通常要求获得数据主体的明确同意，并限制处理此类数据的情境。

例如，在 GDPR 中，第 9 条规定：

1. 禁止处理涉及种族或民族、政治观点、工会会员身份的个人数据，以及处理遗传数据、用于唯一识别自然人的生物特征数据、健康数据等。

2. 如果符合以下情况之一，第 1 款不适用：

- 数据主体已明确同意为一个或多个特定目的处理这些个人数据，除非欧盟或成员国法律明确规定第 1 款所述的禁令不得由数据主体解除；
- 为了履行控制者或数据主体在就业、社会保障和社会保护法领域的具体权利和义务所必需的数据处理，只要得到欧盟或成员国法律，或根据成员国法律订立的集体协议的授权，并为数据主体的基本权利和利益提供适当的保护措施即可；

● ……

此外，处理敏感数据的组织必须确保采取适当的保护措施以保护这些数据，并告知数据主体他们的权利。这包括他们有访问、更正、删除、限制处理或反对处理其数据的权利。

通过为敏感数据设立单独的类别，法律旨在确保这类数据得到更高级别的保护，以尽可能减少其滥用所带来的潜在风险。

个人数据的定义在不同的国家和法规之间有所不同。许多法规承认"敏感数据"这一特殊类别，该类数据对个人权利构成更高的风险，因此受到更严格的规则约束。识别组织运营中所有涉及个人或敏感数据的使用情况通常是一项复杂的任务。数据的创新使用是有诱惑性的，容易发生对个人数据的滥用。

2.2　保护个人数据的原则

对个人数据的处理遵循几个关键原则，这些原则构成了全球大多数数据保护法规的基础。在第 3 章中，我们将回顾全球范围内的不同法规，并会反复看到这些原则。理解这些原则对于制定有效的数据保护战略至关重要。

2.2.1　目的

我们收集数据的目的是什么？我们需要对此有清晰的理解，因为这将直接影响我们处理数据的方式。

在数据隐私的背景下，"目的"一词指的是收集、处理、存储和使用个人数据的具体原因或理由。大多数数据保护法的基本原则之一是，数据收集和处理的目的必须明确。在大多数情况下，这一点需要对被收集数据的个人保持透明。

定义目的有以下几个重要原因：

- 限制：通过明确数据收集的目的，组织能够确保不会收集超过必要范围的数据，或以未获得个人同意的方式使用数据。
- 透明度：它确保个人了解他们的数据将被如何使用。我们将在下一章中对此进行更详细的讨论。

- 安全性：它有助于组织确定保护数据所需的适当的安全措施，因为不同类型的数据可能需要不同级别的保护。

法规中的一个常见要求是目的限制。这一原则要求个人数据必须为特定、明确且合法的目的而收集，且不得以与这些目的不一致的目的对数据做进一步处理。在实践中，这意味着组织需要明确他们收集数据的理由以及将如何使用这些数据。他们不得将数据用于个人未同意或法律未授权的其他目的。

2.2.2 数据最小化

数据最小化是指对个人数据的收集、存储和使用应仅限于特定、明确且合法的目的所必需的范围。

例如，欧盟的 GDPR 在第 5（1）（c）条中规定，

个人数据应：（c）充分、相关且仅限于处理目的所必需的范围（"数据最小化"）。

这意味着企业不得存储超过需要的个人数据，也不得将其保留超过必要的时间。该法规还要求数据控制者为他们所存储的数据设定明确的保留期限，或确定用于界定这些期限的标准。

这一原则通过限制数据收集和处理的数量来帮助降低与数据处理活动相关的风险。数据最小化原则鼓励组织对其数据进行严格评估，并使其数据收集实践与其合法需求保持一致。

2.2.3 准确性

这一原则要求数据应准确并保持更新，不准确的数据应该被迅速删除或更正。其理念是，保留个人过时的信息对他们不公平。确保数据准确性是许多法规对数据控制者的要求。

例如，在 GDPR 中，

个人数据应：（d）准确，并在必要时保持更新。必须采取一切合理步骤，以确保不准确的个人数据在顾及其处理目的的情况下，立即被删除或更正（'准确性'）。

此外，一些法规赋予数据主体更正不完整、不准确或过时数据的权利。

2.2.4 存储

显然，你的个人数据需要存储在某个地方。虽然一些法规将任何形式（无论是数字、纸质或其他形式）的个人数据都包括在内，但本节我们将重点关注数字数据的存储。

数据存储可能看似乏味。然而，就数据隐私而言，它非常重要，因为许多法规规定了具体的安全要求和其他措施来保护人们的个人数据。

与数据隐私最明显的联系是许多法规中的存储限制。

GDPR 在第 5（1）条中规定，

个人数据应：（e）以允许识别数据主体的形式保存，保存时间不得超过处理个人数据的目的所必需的时间；个人数据可以存储更长时间，只要个人数据将仅用于符合公共利益的档案保存目的、科学或历史研究目的，或统计目的……

新加坡的 PDPA 同样规定，组织只能在实现收集目的所需的时间内保留个人数据。如果不再需要该数据来实现该目的，则应对数据进行销毁或匿名化。

巴西的 LGPD 也包括数据最小化原则和存储限制。

"个人数据只能用于它的目的，并且在达到其目的后必须删除，除非有合法理由保留，如遵守法律义务、供研究机构研究或用于信用保护。"

数据存储的概念与 IT 安全密切相关。例如，CCPA 规定，企业必须实施和维护合理的安全程序和做法来保护消费者的数据。虽然它没有直接对数据存储时间施加限制，但可以说数据存储限制是隐含的，因为存储数据超过所需时间会带来不必要的安全风险。

删除在特定时间收集的特定部分数据的要求可能具有挑战性。对于设计 IT 系统的程序员来说，将收集到的关于同一客户的各种数据元素存储在单个记录中可能看起来很合理。然而，如果不同的元素是在不同时间为不同目的收集的，这可能会成为问题。另一个挑战是备份——虽然这是避免数据丢失的有效做法，但它也意味着删除操作必须在所有现有备份上进行。

这些概念出现在各种法规中。它们与存储、IT 安全和准确性的概念重叠。个人数据必须以确保适当安全的方式进行处理和存储，包括防止未经授权处理、非法处理、意外丢失、破坏或损坏。

与目的限制原则相关的是许多法规中提到的存储限制原则。存储限制原则涉及个人数据的保留。这一原则要求，以保持数据主体可识别的形式保存个人数据的时间不得超过为达目的处理该个人数据所需的时间。换句话说，一旦数据达到了其处理目的，就应当予以安全删除或匿名化处理。

然而，存储限制原则通常需要与其他法律义务进行权衡，这些义务可能包括强制性保留政策。强制性保留政策是法律、法规或行业标准规定的某些类型数据必须保留一定期限的要求。例如，金融机构可能被要求将客户交易数据保留若干年，以满足审计和监管的目的。

在存储限制原则与强制性保留政策发生冲突的情况下，通常后者优先。例如，GDPR 在第 5（1）（e）条中明确规定，如果数据用于履行法律义务，可以保留更长时间。

尽管如此，组织仍必须确保只保留履行法律义务所必需的个人数据。此外，在保留期间，组织必须继续采取适当的保护措施来保障数据安全。一旦强制性保留政策规定的期限到期，应当按照存储限制原则处理数据。

2.2.5　新兴技术带来的挑战

新兴技术，如物联网（IoT）设备、可穿戴设备、社交媒体平台以及人工智能驱动的工具和应用程序，给个人数据保护带来了独特的挑战。这些技术实时生成大量数据，并能够提供关于个人行为、偏好和习惯的详细洞察。

这些工具塑造了社会，有时使客户更难识别他们的数据选择，并诱使公司收集更多数据。以社交网络为例。年轻人喜欢分享他们生活的瞬间——他们参加的派对、享用的巧克力蛋糕，或他们的新发型。在这样做的同时，他们分享了大量数据。虽然用户是自愿提供数据的，但大部分数据是在用户与平台互动时被动收集的。这可能导致平台创建详细的个人档案，用于精准推送定向广告，在某些情况下，这些数据还可能被滥用于不法目的。

能够让恒温器、烟雾报警器或门铃在你不在家时向手机发送通知的功能是非常令人安心的——这些设备可能使用制造商运行的服务器来存储和传输数据。现代运动手表可以跟踪你的生命体征和运动表现，并在相关组织的服务器上保存记录。类似的例子还有很多。

这些技术的广泛应用使消费者倾向于毫不犹豫地点击"条款和条件"中的"同意"按钮。他们同意的价值越来越值得质疑。许多数据可能高度敏感，如果未得到适当保护，会带来重大风险。计算领域的本质变化、数据在云服务和连接设备之间的移动，意味着传统的 IT 安全概念和架构可能不再满足需求。

　　我们已经讨论了数据保护的几个关键原则：数据收集的目的、对准确性的需求、数据最小化以及数据的存储（及其限制）。当我们在第 3 章研究全球数据隐私法规的一些例子时，这些原则将会频繁出现，正如我们将在第 5 章看到的那样，它们也是数据隐私战略的关键要素。

全球数据隐私法规概览

　　本章将探讨北美洲、欧洲、南美洲、非洲和亚洲等世界不同地区的重要数据隐私法规实例，并对这些法规进行比较。注意，这不是一个详尽的清单。我们之所以选择这些国家或地区，是因为它们共同代表了你可能会遇到的一系列法规类型。有些国家或地区有严格的数据保护法律，而其他国家或地区则只有最低限度的法规。有些法律是在州或省级层面上的，有些是国家或地区性的。有些覆盖范围相当广泛，而有些则专注于特定方面。

　　本章将讨论这些法规的范围和适用性，并将分析它们之间的相似性和差异性。同时也将探讨某些数据隐私法规的域外效力问题，解释即使一个组织位于其他地方，处理特定司法管辖区内的个人数据时，该组织也可能受到这些法规的合规要求约束。这些都是在处理跨境个人数据时需要考虑的重要因素。

　　本章并非旨在讨论法规本身。本章的目标是理解法规的精神，熟悉某种思维过程，并在制定企业数据隐私战略时应用该思维过程。

3.1　欧盟

2018 年 5 月 25 日生效的欧盟的 GDPR[一]或许是所有数据隐私法规中最著名的。GDPR 是全球第一个主要的综合性数据隐私法律框架。该法规为隐私权、安全性和合规性设立了新的全球标准。无论是实践意义上，还是作为其他地区和国家设计相应框架的灵感来源，其都对全世界产生了巨大影响。

实际上，它对欧盟企业和收集欧盟公民数据的国际企业都有重大影响。就后者而言，大型社交网络和云服务提供商如脸书（Facebook）和谷歌（Google）是最著名的例子。事实上，GDPR 适用于成千上万的跨国公司。为了与欧盟开展业务并在欧盟收集数据（可能包括个人数据），一些国家在 2018 年或不久后也制定了数据隐私法，以获得欧盟的信任地位。

本节只讨论 GDPR，但这并不是欧盟唯一与数据隐私相关的法规。较早的《电子隐私指令》[二]依然有效且相关，特别是在营销和广告中使用个人数据方面（这是许多"免费"在线平台的商业模式，如社交网络）。这个指令可能很快会被新的《电子隐私法》取代。[三]此外，

[一]　官方文本请参见：https://gdpr-info.eu/

[二]　请参见：https://edps.europa.eu/data-protection/our-work/publications/legislation/directive-2009136ec_en

[三]　请参见：https://data.consilium.europa.eu/doc/document/ST-6087-2021-INIT/en/pdf

还有一些国家立法补充了欧盟的指令，如德国的《电信媒体数据保护法》（TTDSG）。

3.1.1 理解 GDPR 的精神

GDPR 的目标是加强个人数据保护权利，为处理个人数据的组织制定明确规则，增强数据处理的透明度和建立问责制，并确保整个欧盟采用统一的数据保护方法。

GDPR 的一个显著特征是其广泛的适用范围，它不仅适用于欧盟的公司，还适用于处理欧盟居民个人数据的所有公司，无论这些公司（组织）位于何处。GDPR 对于将数据传输到欧盟以外的地方有严格的规定。其基本思想是，不因数据被传输到其他地方而削弱欧盟公民所受的保护水平。

另一个关键概念是处理数据也需要法律依据。GDPR 不仅规定哪些类型的数据处理行为是非法的，而且要求任何类型的数据收集或处理都需要一个合理的理由（法律依据）。

3.1.2 实质范围

GDPR 关于"个人数据"的定义非常广泛，涵盖任何与自然人

（即"数据主体"）相关的、可用于直接或间接识别该人的信息。这些信息可以包括姓名、照片、电子邮箱地址、银行详细信息、社交网站上的帖子、医疗信息，甚至是计算机 IP 地址。

GDPR 第 4（1）条中对"个人数据"的定义见 2.1.1 节。

GDPR 在数据处理方面确立了几个关键原则。这些原则包括合法性、公正性、透明性、目的限定、数据最小化、准确性、存储限制、完整性、保密性（安全性），以及问责制。这些原则为数据主体的权利，以及数据控制者和处理者的责任奠定了基础。

GDPR 区分了数据的控制者和处理者，这可能会对你的组织产生影响，特别是针对外包部分数据处理或从第三方获取（访问）数据的情况。GDPR 的某些部分是否适用于你，取决于你所承担的角色。

查看哪些类型的数据不包含在内也很有趣：

- 匿名数据
- 已故人士的数据
- 家庭或个人活动（非商业性）

作为一项区域性法规，GDPR 还豁免了用于国家安全和执法目的的数据使用，因为这些由每个成员国单独监管。

3.1.3　地域范围

GDPR 适用于所有处理欧盟居民个人数据的组织，只要相关处理活动关乎向欧盟公民提供商品或服务（无论是否需要付款）或监控欧盟范围内的行为，无论组织所处地点如何。如果位于欧盟之外的组织代表位于欧盟内部的组织处理欧盟居民的个人数据，GDPR 同样适用于该组织。

3.1.4　要求

根据 GDPR，数据控制者（即决定个人数据处理目的和方式的实体）负有一系列义务。这些义务包括确保数据处理合法、公正和透明。只有在满足 GDPR 规定的若干条件之一时，数据处理才是合法的，这些条件包括数据主体同意、为履行数据主体合同所必需、为遵守法律义务、为保护重要利益、为公共利益或公权力所必需，以及为保护控制者或第三方追求的正当利益。

此外，数据控制者有义务最小化数据收集和保存时间。他们需要确保个人数据的准确性和持续更新，并及时更正或删除不准确的数据。个人数据只有在实现收集数据的目的所需时，才能以足以识别数据主体的形式保存。控制者还必须采取适当的技术和组织措施，确保个人数据的安全，并向监管机构报告任何违规行为，在某些情况下还要向数据主体报告。

问责原则是 GDPR 在欧盟数据保护法中新增的内容，要求控制者负责并遵守与个人数据处理相关的原则。这可能涉及实施数据保护政策、记录处理活动、对高风险处理进行数据保护影响评估，以及在某些情况下任命数据保护官等。

另一个值得注意的要求是，如果你的组织是公共机构，进行大规模系统性监控，或对特殊类别数据（或与刑事犯罪及违法行为有关的数据）进行大规模处理时，必须任命数据保护官。

其他两个要求是：

- 记录处理活动：如果组织员工超过 250 名，或者处理活动可能对数据主体权利和自由构成风险，或者处理活动并非偶发的，或涉及某些类型的敏感个人数据，则必须保留处理活动的记录。
- 安全措施：必须实施适当的安全措施来保护个人数据，兼顾当前技术水平，实施成本，数据处理的性质、范围、背景和目的，以及对个人的风险。

GDPR 还包括数据泄露通知的要求，即向当局和向数据主体通知的要求。

第 33（1）条规定：

在发生个人数据泄露的情况下，数据控制者应当在不延误和可行的情况下，在知悉泄露后的 72 小时内，将个人数据泄露事件通报给主管监督机构……除非该个人数据泄露不太可能导致自然人权利和自由面临风险。

第 34（1）条规定：

当个人数据泄露可能导致自然人的权利和自由面临高风险时，数据控制者应当在不延误的情况下将个人数据泄露情况通报给数据主体。

3.1.5　数据主体的权利

GDPR 还增强了数据主体的权利，赋予他们对个人数据更大的控制权。这些权利包括：

- 知情权，即了解个人数据如何被使用的权利
- 访问自己个人数据的权利
- 在数据不正确或不完整时要求更正的权利

- 删除权（也称为"被遗忘权"）

- 限制处理个人数据的权利

- 数据迁移权

- 反对处理数据的权利

- 与自动决策和分析（例如，由 AI 系统进行）相关的权利

3.1.6　跨境传输

GDPR 第 45 ～ 50 条专门规定了"向第三国或国际组织传输个人数据"的情况。

在 GDPR 中，将个人数据传输到欧洲经济区（欧盟成员国加上冰岛、列支敦士登和挪威）以外的国家，被称为跨境传输或第三国传输。GDPR 规定，除非该国家或组织确保对数据有充分的保护水平，否则不应将个人数据传输到欧洲经济区以外的国家或国际组织。

第 45（1）条规定：

如果欧盟委员会已认定第三国、该第三国内的某一地区、一个或多个特定部门，或有关国际组织能够提供充分的保护水平，则可以向该第三国或国际组织传输个人数据。此类传输无须任何特殊授权。

　　GDPR 中还具体讨论了所谓"充分性"保护的标准。一些国家已获得这一例外资格，例如瑞士、加拿大、阿根廷、日本和新西兰。脱欧后，英国也被授予充分性地位。如果某个国家未被认定为能够提供充分的保护水平，但在数据控制者或处理者提供"适当保障措施"的情况下，数据传输仍可进行。

　　2023 年 7 月，欧盟委员会通过了《欧盟-美国数据隐私框架》的充分性决定，该决定认为"新框架下美国具备了与欧盟相当的个人数据保护水平，可以从欧盟传输个人数据到美国公司。基于这项新的充分性决定，个人数据可以安全地从欧盟流向参与该框架的美国公司，无须采取额外的数据保护保障措施。"⊖

3.1.7　执法

　　为确保这些法规得到遵守，GDPR 赋予数据保护机构执法权，这些机构可以施加巨额罚款。违反个人数据处理基本原则（包括同意条件）的行为将面临最高级别的行政罚款。这可能意味着高达 2000 万欧元的罚款，或者对企业而言，可处以高达上一财年全球营业额 4% 的罚款，以两者中较高者为准。

　　这些罚款并非纸上谈兵。自 GDPR 实施以来，许多公司已收到

　　⊖　请参见：https://ec.europa.eu/commission/presscorner/detail/en/ip_23_3721

巨额罚单。2021 年，亚马逊因违反 GDPR 被罚 7.46 亿欧元。2023 年 5 月，Facebook 的母公司 Meta 因不当地将数据从欧盟转移到美国而被罚 12 亿欧元。谷歌、H&M、英国航空和万豪国际也都支付了数千万欧元的罚款。

GDPR 是一项综合性法律，相关组织需要认真努力才能合规。GDPR 已成为许多其他法规的模板。其影响范围广泛：适用于向欧盟公民提供商品或服务，以及监控欧盟境内行为的组织。在某些情况下，它要求任命数据隐私官（DPO）。一个关键概念是必须有处理数据的法律依据。它还对跨境数据传输设置了严格限制——将个人数据转移出欧洲经济区可能很复杂。

3.2 美国

在美国，联邦层面尚无类似 GDPR 那样统一协调所有州的通用数据保护法规。美国正在讨论这样一部通用的数据保护法规，但有人怀疑其能否在国会通过。

目前，美国 50 个州的法规各不相同。截至 2023 年，只有 5 个州（加利福尼亚州、弗吉尼亚州、科罗拉多州、犹他州和康涅狄格州）实施了通用数据保护法律，还有 6 个州通过的法案将在 2024—2026 年间生效。大多数州有关于数据泄露通知的法规。

尽管如此，美国在联邦层面上仍有若干针对特定行业的法律，如针对金融机构的《格拉姆-里奇-比利法案》（Gramm-Leach-Billey Act）、针对信用报告的《公平信用报告法》（Fair Credit Reporting Act）、针对医疗保健的《健康保险可迁移性和问责法案》（Health Insurance Portability and Accountability Act，以下简称 HIPAA），以及针对儿童隐私的《儿童在线隐私保护法》（Children's Online Privacy Protection Act）。对于政府机构控制的数据，隐私法规早已存在。1974 年的《隐私法》是第一部相关的重要法案，在当时具有前瞻性。1988 年的修正案包含了信息化处理的规定，2022 年的《电子政务法》（特别是 208.b 节关于数据隐私的内容）进一步使法规与技术发展保持同步。这些法规仅旨在规范政府机构的行为，不适用于企业或学术界。

本节将介绍美国的两项隐私法：CCPA 和 HIPAA。

3.2.1　CCPA

《加州消费者隐私法》(CCPA) [⊖]于 2020 年 1 月 1 日生效，是美国最全面的数据隐私法之一，尽管该法案只适用于加强加州居民的隐私权和消费者保护。CCPA 在许多方面受到 GDPR 的启发，为加州人提供了类似范围的隐私保护。

1. 适用范围

CCPA 适用于在加州开展业务，并收集消费者个人数据的营利性企业，但是 CCPA 不限定该企业是否位于加州甚至美国。然而，并非所有企业都受 CCPA 约束。要受其约束，企业必须至少满足以下标准之一：

- 年总收入超过 2500 万美元。
- 出于商业目的购买、接收、出售或分享 50 000 个或更多消费者、家庭或设备的个人信息。
- 年收入的 50% 或以上来自出售消费者个人信息。

关联公司（如母公司或子公司）如果关系足够密切（例如，控制超过 50% 的股份），也受 CCPA 约束，即使这些母公司或子公司

　　⊖　官方文本请参见：https://www.oag.ca.gov/privacy/ccpa

本身不符合上述标准。

2. 要求

企业需要在收集数据之前或收集数据时通知消费者他们的数据正在被收集；制定程序以响应消费者请求；获得未成年人的明确同意；不歧视；培训员工。

3. 数据主体的权利

根据 CCPA，消费者享有以下权利：知情权，即了解企业收集、使用、共享或出售个人信息的权利；删除权，即删除个人信息的权利；选择退出权；免于歧视权；数据迁移权；未成年人选择加入的权利。

3.2.2 HIPAA

《健康保险可迁移性和问责法案》（HIPAA）[一]是美国国会于 1996 年颁布的一项联邦法律。以下三项规则补充了该法案：

- 2000 年通过了《交易规则》，解决了电子账单引入的问题；

[一] 请参见：https://www.healthit.gov/sites/default/files/rules-regulation/health-insurance-portability.pdf

- 2000 年增加了《隐私规则》，涉及个人健康信息的使用和披露，并确定了数据主体如何使用其信息的隐私权；
- 2003 年的《安全规则》，规定了如何实施技术和非技术保护措施。

对 HIPAA 的进一步修订包括《基因信息非歧视法案》（GINA）和《经济与临床健康信息技术法案》（HITEC）。最终，2013 年的《HIPAA 综合最终规则》使所有修正案长期有效。

HIPAA 对美国的医疗保健和健康相关活动产生了广泛且深远的影响。

1. 理解 HIPAA 的核心

HIPAA 旨在提升保险的可迁移性和简化管理，同时加强欺诈预防，并确保健康数据的安全性和隐私性。HIPAA 不会取代更严格的州法律，是作为最低标准，而非最高标准。

2. 适用范围

HIPAA 仅适用于在美国运营的实体。最初，该法案只适用于"涵盖实体"（即健康计划、医生等）。自 2009 年起，该法案还涵盖了"业务伙伴"（即可能访问患者数据的服务提供商）。

实际上，这意味着包括美国众多医疗服务供应商在内的实体（如计费公司、提供病历管理软件的公司、为医疗服务供应商提供法律服务的律师事务所、为医院进行使用情况审查的顾问等）均受该法律约束。

3. 要求

HIPAA 的要求可以概括为两个主要规则：隐私规则和安全规则。

隐私规则为保护个人医疗记录和其他个人健康信息设立了国家标准。它限制了受保护健康信息（以下简称 PHI）的使用和披露；要求在将个人 PHI 用于营销等目的之前获得个人的书面同意；要求对员工进行培训并任命隐私官；为患者提供访问其记录的渠道以及修改或更正不准确信息的方法。

安全规则专门针对电子受保护健康信息（ePHI）。它包含三个方面的要求：1）行政保障措施：明确实体如何遵守 HIPAA 的政策和程序，包括选任安全官、员工培训和访问控制；2）物理保障措施：包括设施访问控制、工作站和设备的安全措施；3）技术保障措施。

4. 数据泄露规定

美国大多数州还有专门针对健康信息的数据泄露法律。此外，

HIPAA 还包含一项泄露通知规则，要求涵盖实体及其业务伙伴在未受保护的 PHI 泄露后进行通知。

美国没有全国性的数据保护法规。一些法规在地域或主题（如 HIPAA 针对健康数据）范围上有所限制。每个州都有自己的数据泄露法律，且各个州都不相同，这使得合规成为挑战。

3.3　中国

中华人民共和国已建立了一个全面的网络安全和个人信息保护框架，涉及多部法律。对数据隐私和保护最重要的是《个人信息保护法》（PIPL）和《数据安全法》（DSL），这两部法律均于 2021 年生效。相关的还有 2017 年的《网络安全法》（CSL）。

《数据安全法》[⊖]旨在保障中国境内的数据安全并保护个人信息。该法侧重于数据安全，涵盖了广泛的数据相关问题，包括数据处理

　　⊖　请参见：http://www.npc.gov.cn/npc/c2/c30834/202106/t20210610_311888.html

义务、跨境数据传输、数据本地化和网络安全审查。它适用于个人数据和非个人数据。

《个人信息保护法》[一]是中国第一部专门保护个人信息的综合性国家级法律。它是在《网络安全法》以及《数据安全法》设定的框架基础上构建的。该法律为组织收集、使用、存储和传输个人信息制定了规则，并为个人提供了关于其个人信息的具体权利，同时规定了数据控制者和处理者的义务。

虽然《数据安全法》和《个人信息保护法》涉及数据保护的不同方面，但它们是相互关联的，在框架内共同发挥作用。在本节的其余部分，我们将重点关注《个人信息保护法》，这部法律具有一些值得探讨的有趣且独有的特征。

3.3.1　理解法律精神

《个人信息保护法》的目的是保护个人信息权益，规范个人信息处理活动，促进个人信息合理利用。该法律强调处理个人信息的合法、正当、必要和诚信原则，合法性被严格定义。该法律规定的对违规行为的处罚非常严厉，追责对象包括对违规行为负责的公司和个人。

[一]　请参见：https://www.gov.cn/xinwen/2021-08/20/content_5632486.htm

3.3.2 实质范围

《个人信息保护法》涵盖任何处理（包括收集、存储、使用、加工、传输、提供、公开、删除等）个人信息的活动。个人信息被定义为以电子或者其他方式记录的与已识别或者可识别的自然人有关的各种信息，不包括匿名化处理后的信息。这不仅包括可以单独识别个人的信息（如姓名或身份证号），还包括与其他信息结合后可以识别个人的信息。

3.3.3 地域范围

《个人信息保护法》适用于在中华人民共和国境内处理自然人个人信息的活动。如果境外处理境内自然人个人信息的活动，目的是向境内自然人提供产品或者服务，或分析、评估境内自然人的行为，或法律、行政法规规定的其他情形，也适用该法律。这意味着它可能影响到不在境内但处理境内自然人个人信息的跨国公司。该法律的域外适用范围与欧洲的 GDPR 非常相似。

3.3.4 要求

遵守《个人信息保护法》需要符合以下关键要求：

- **处理的法律基础**：《个人信息保护法》要求处理个人数据的实体必须有明确、合理的目的，只能收集为该目的所必需的数据。在大多数情况下，处理个人数据前需要获得明确同意。然而，该法律也列出了不需取得个人同意的情形，如为履行法定职责或法定义务所必需等。处理敏感个人数据应当取得个人的单独同意。

- **透明和个人权利**：相关实体必须告知其处理个人数据的目的、方法和范围、保存期限，以及个人如何行使该法律赋予的权利等。这些权利包括访问个人数据、更正和删除不准确数据，以及撤回同意等。实体必须提供方便行使这些权利的机制。

- **数据最小化和保存限制**：收集的个人数据应限于实现预期目的所必需的范围，且保存期限不应超过必要的时间。

- **数据安全**：实体需采取适当措施确保其处理的个人数据的安全。

- **跨境数据传输**：如果实体希望将个人数据传输到境外，必须满足某些条件，如获得国家网信部门认可机构的认证、与境外接收方签订合同等。详见下文。

- **联合处理**：当两个以上的实体共同决定处理目的和方法时，这些实体共同承担遵守《个人信息保护法》的责任。

3.3.5　数据主体的权利

《个人信息保护法》中数据主体的权利包括：

- 知情同意权（必须告知数据主体信息处理的目的、方法和范围，并获得其同意）
- 撤回同意权
- 访问权、更正权和删除权
- 限制或拒绝处理权
- 数据迁移权
- 反对权（在特定情况下反对处理其个人信息）
- 投诉权：数据主体有权向相关主管部门投诉个人信息处理者

与数据隐私相关的还有与自动化决策相关的权利。根据《个人信息保护法》，数据主体有权拒绝仅基于自动化决策做出的决定。如果他们认为自动化决策做出的决定对个人权益有重大影响，也有权要求获得解释。

3.3.6　跨境传输

《个人信息保护法》对跨境数据传输的规定是其对中国数据保护领域做出的最重大的改变之一，这些条款是《个人信息保护法》

特有的。组织必须理解并遵守这些要求，组织必须满足以下条件之一：组织需通过国家网信部门组织的安全评估；组织已通过国家网信部门认可机构进行的个人信息保护认证；组织与数据接收方按照国家网信部门制定的标准订立合同；或满足法律法规或国家网信部门规定的其他要求。

数据处理者应采取必要措施，确保境外接收方的个人信息处理活动达到《个人信息保护法》规定的标准。数据处理者还必须告知数据主体境外接收方的身份、处理目的和方法、将处理的个人信息类型，以及个人如何行使该法律赋予的权利等。

GDPR 允许向被认为具有充分数据保护水平的特定国家传输数据，中国的《个人信息保护法》没有对应的"充分性"概念，对所有跨境数据传输一视同仁。最后，应进行个人信息影响评估。

对于某些实体，如关键信息基础设施运营者或处理个人数据达到国家网信部门规定数量的实体，跨境数据传输需要由国家网信部门进行安全评估。

3.3.7　执法

违反《个人信息保护法》，情节严重的，将面临严厉处罚，包括 5000 万元人民币以下或上一年度营业额 5% 以下的罚款、暂停业务、吊销营业执照等。

《个人信息保护法》的一个重要条款是，违法时不仅组织将被追究责任，负有责任的个人（通常是 CEO、DPO 或高级管理人员）也可能被追究个人责任，面临罚款或制裁。

《个人信息保护法》在某些方面类似于 GDPR，但在其他方面有所不同。它适用于处理中国境内自然人个人信息的公司，或在境外处理中国境内自然人信息的公司。与 GDPR 不同，在中国收集的数据跨境传输需要告知数据主体，在某些情况下还需要由中国国家网信部门进行安全评估。

3.4　巴西

巴西的 LGPD[⊖]于 2020 年 9 月 18 日生效。LGPD 受到 GDPR 的启发，并与其相似。然而，它也有一些独特的条款。

⊖　官方文本的英文版，请参见：https://iapp.org/resources/article/brazilian-data-protection-law-lgpd-english-translation/

值得注意的是，2014 年的《互联网民权框架》（Marco Civil da Internet）也涉及数据隐私问题。

3.4.1　适用范围

LGPD 有一个独特的适用范围定义：它适用于任何个人或组织进行的任何数据处理活动，无论数据处理方式是什么，无论组织总部在哪里，只要处理操作在巴西进行，活动目的是在巴西提供商品或服务，或所处理的数据是在巴西收集的。

该法律不适用于私人或非经济背景下的数据，例如，对数据的使用仅用于新闻、艺术或学术目的，或者数据来源于巴西境外。

这一点与 GDPR 不同，GDPR 还适用于在欧洲经济区以外国家处理欧盟公民的数据。

LGPD 将"个人数据"定义为与自然人相关的数据，可以是数字形式或非数字形式，但没有具体说明类型的个人数据。

3.4.2　要求

与 GDPR 类似，LGPD 规定了处理个人数据的十个法律依据，包括同意、遵守法律或监管义务、执行公共政策、研究机构进行研究、履行合同以及合法利益等。

LGPD 最初要求处理个人数据的组织在某些情况下应任命数据保护官，类似 GDPR。但是这一条款最终被否决，目前 LGPD 下没有强制要求任命数据保护官。

设计产品或服务时必须采用默认隐私保护措施。LGPD 还包括数据泄露通知的要求。在 LGPD 中，数据控制者必须在合理的时间内向国家机构和数据主体通知安全事件的发生，而 GDPR 明确规定组织必须在发现数据泄露后 72 小时内报告。需要注意的是，巴西没有与欧盟《电子隐私法》相当的法规，这使得在巴西使用数据进行营销相对容易一些。

3.4.3　数据主体的权利

LGPD 赋予数据主体多项权利，包括确认数据处理存在的权利，访问数据的权利，更正不完整、不准确或过时数据的权利，对数据进行匿名化的权利，封锁或删除不必要或过度数据的权利，数据迁移权，删除经数据主体同意处理的个人数据的权利，对从控制者处接收数据的公共和私人实体的知情权，以及对拒绝同意的可能性及其后果的知情权。

根据 LGPD 第 9 条，消费者有权获得重要的通知。这包括数据处理的确切原因，数据处理的类型和持续时间，谁在处理以及如何与他们联系，与第三方共享数据的详情，数据处理实体的义务，以及关于消费者权利的详细信息等。

3.4.4　跨境传输

与 GDPR 类似，在跨境数据传输方面，LGPD 有"充分性"的概念。然而，在撰写本书时，巴西国家数据保护局（ANPD）尚未确定任何此类国家。跨境数据传输的另一个依据是数据主体在事先获知该操作的国际性质的情况下，给予的特定同意。

3.4.5　执法

LGPD 建立了一个国家机构，即国家数据保护局，负责对巴西全国的监管。

违反 LGPD 的组织可能面临高达其在巴西上一财年收入 2% 的罚款，每次违规最高罚款额为 5000 万巴西雷亚尔。其他处罚包括警告、封锁或删除与违规相关的个人数据，以及在违规行为得到正式确认并核实后予以公布。

LGPD 与 GDPR 相似，但不同之处在于它仅适用于在巴西进行的数据处理，它承认更多数据处理的法律基础，并且目前不要求组织任命数据保护官。在巴西，使用数据进行营销相对容易一些。

3.5　印度

多年来，印度几乎没有专门的数据隐私法，只可在其他法律法规中找到一些与数据保护和隐私相关的规定，例如 2000 年的《信息技术法》（也称为"IT 法"）以及 2011 年的《信息技术（合理安全实践与流程及敏感个人数据或信息）规则》。然而，尚不存在必须遵守的数据保护法律框架。2019 年印度提出了一项《个人数据保护法案》（以下简称 PDPB），但经过咨询流程后，联合议会委员会于 2022 年撤回了该法案，以便制定新的综合性法律框架。2023 年 8 月，新的《数字个人数据保护法案》（以下简称 DPDPB）⊖终于在议会获得通过。

⊖　请参见：https://www.meity.gov.in/content/digital-personal-data-protection-bill-2022

尽管印度尚未明确规定具体的实施时间表，适用法案的相关组织最好尽早开始准备。过去几年，由于缺乏监管，组织在处理个人数据时采取的做法几乎不受限制，通常也缺乏足够的保障措施。随着新法的出台，这些组织将需要大幅调整其标准、工作流程、企业文化，甚至商业模式。印度的情况表明，人们不应仅仅根据当前的监管状态来制定战略，而应预见可能即将到来的变化。

3.5.1　适用范围

DPDPB 仅适用于数字化信息。第 4.1 节规定，该法适用于在印度境内收集的个人数据——无论是通过线上还是线下方式收集的、经过数字化处理的数据主体的信息。如果数据处理"涉及在印度境内对数据主体的分析或提供商品或服务的活动"，该法也适用。该法明确指出，它不适用于非自动化处理的个人数据。

3.5.2　豁免

世界各地的许多法律为政府机构（如执法部门和情报机构）提供了豁免权。然而，DPDPB 对政府豁免条件的定义较为宽泛，引发了一些人对可能发生大规模监控的担忧（见第 18 节）。

3.5.3　跨境传输

第 17 节简要讨论了"向印度境外传输个人数据"的问题：

中央政府可以在评估其认为必要的因素后，通知数据受托人根据规定的条款和条件，将个人数据传输至政府批准的印度境外的国家或地区。

一方面，这简化了数据传输的过程，因为所有数据都可以被传输并存储到政府批准的国家或地区。另一方面，对于未列入名单的国家或地区，则完全禁止数据跨境传输。

3.5.4　要求

大多数要求与 GDPR 相似：

- 处理个人数据必须有合法基础（通常是同意——明确同意或推定同意）。数据控制者必须在印度数据保护委员会注册。
- 对于"重要数据受托人"，任命数据保护官是强制性的。
- 数据主体拥有获取信息、数据迁移、更正和删除、投诉、补救以及指定代表的权利。
- 有关于数据泄露通知的相关规定。
- 有针对儿童和残障人士的特别规定。

但也存在一些差异：

- DPDPB 未对"敏感"数据进行特别分类。
- DPDPB 不要求默认的隐私设计。

总体而言，DPDPB 对数据所有者和处理者的要求似乎不如某些其他法律严格，对数据主体的保护也较少。

3.5.5　执法

有趣的是，DPDPB 未规定对违规行为的任何刑事处罚，只有经济处罚。

印度是一个过去在数据隐私方面几乎没有监管，但最近引入了相对严格法律的国家。许多目前缺乏监管的国家可能会在不久的将来经历类似的变化，这值得关注。

跨境数据传输仅限于政府批准的特定国家，但对于这些国家没有特别的限制（例如，没有针对敏感数据的特别处理）。总体而言，DPDPB 似乎不如某些其他法规那么严格。

3.6　加拿大

加拿大隐私专员办公室（The Office of the Privacy Commissioner of Canada）负责执行两部联邦隐私法：《隐私法》和《个人信息保护和电子文件法》（以下简称 PIPEDA）。

《隐私法》涉及个人访问和更正加拿大政府持有的关于他们的个人信息的权利。此法适用于《隐私法》附表中列出的联邦机构，但不适用于政党和政治代表。

PIPEDA 是一部加拿大联邦法律，于 2004 年 1 月 1 日生效。该法为私营部门组织在加拿大全境的商业活动中如何收集、使用或披露个人信息制定了基本规则。

PIPEDA 的目的是：

- 制定规则：PIPEDA 为商业实体管理个人信息设定了规则，平衡了个人的隐私权与组织出于合理目的收集、使用或披露个人信息的需求。
- 促进信任：该法案促进消费者对电子商务的信任，并纳入了保护电子文件的条款。这在当今的数字时代至关重要，因为个人信息可以通过简单的点击就被共享出去。

- 促进省际和国际贸易：通过创建一套统一的隐私权体系，
  PIPEDA 促进了各省之间以及与国际合作伙伴之间的贸易。
  共同的规则有助于确保加拿大企业能够在全球范围内有竞
  争力。

PIPEDA 不适用于个人使用、家庭环境，或出于新闻、艺术
或文学目的的数据处理。它也不适用于非营利组织或慈善团体和
政党。而对于阿尔伯塔省、不列颠哥伦比亚省和魁北克省，有专
门的省级隐私法，这些省级隐私法仅适用于这些地区且可以代替
PIPEDA。此外，还有与健康、就业相关的隐私法，以及适用于某
些省份和特定情况的隐私法。

本节接下来的部分将主要集中在 PIPEDA 上。

3.6.1　实质范围

PIPEDA 适用于在加拿大从事商业活动的过程中收集、使用或
披露个人信息的私营部门组织。这包括出售、交换或出租捐赠者名
单、会员名单或其他筹款名单。

此外，PIPEDA 适用于联邦工程、企业和业务。这些是由联邦
政府监管的行业，如航空、银行和广播。

3.6.2　地域范围

PIPEDA 适用于所有省份的组织及其商业活动，除了那些已经制定了实质上类似于 PIPEDA 的省级隐私法的省份（即阿尔伯塔省、不列颠哥伦比亚省和魁北克省），以及安大略省、新不伦瑞克省和纽芬兰和拉布拉多省的健康信息保管人。所以，虽然一些国家有全国性法律（如巴西）甚至区域性法律（欧盟），另一些国家缺乏全国性法律，而有一系列单独的州法律（美国），但加拿大既有全国性法律，也有在大多数方面取代全国性法律的省级法律。

3.6.3　要求

PIPEDA 设定了一系列要求，以保护私营部门组织掌握的个人信息的隐私和安全。它基于 10 个公平信息原则：[⊖]

- **问责制**：组织对其控制的个人信息负责，必须指定专人负责其公平信息原则合规事务。
- **明确目的**：组织应在收集个人信息之前或在收集时明确收集的目的。
- **同意**：收集、使用或披露个人信息需要得到个人的知情同意。

⊖　请参见：https:// www.priv.gc.ca/en/privacy-topics/privacy-laws-in-canada/the-personal-information-protection-and-electronic-documents-act-pipeda/p_principle/

同意必须是有意义的，也就是说个人必须理解他们所同意的内容。

- **限制收集**：个人信息的收集应仅限于达到既定目的所必需的范围，并应通过公平和合法的方式进行。

- **限制使用、披露和保留**：除非得到个人同意或应法律要求，否则个人信息不应用于收集目的以外的用途，并且个人信息的保留时间不应超过实现这些目的所需的时间。

- **准确性**：个人信息应在其预期使用目的所需的范围内保持准确、完整和更新。

- **保障措施**：应根据个人信息的敏感程度，采取适当的安全保障措施对其进行保护，包括物理措施（上锁的文件柜、限制进入办公室）、技术措施（密码、加密）和组织措施（安全许可、仅限在"需要知道"的前提下才能访问）。

- **公开性**：组织应确保个人能够轻松获取有关组织管理个人信息的政策和做法的具体信息。

- **个人访问**：根据请求，应告知个人其个人信息的存在、使用和披露情况，并应允许其访问这些信息。个人应有权质疑信息的准确性和完整性，并进行适当的修改。

- **合规质疑**：个人应能够就上述原则的合规情况向组织指定的负责人员提出质疑。

3.6.4　数据主体的权利

根据 PIPEDA，个人（数据主体）享有以下权利：

- 知情同意权
- 撤回同意权
- 访问权（包括质疑数据准确性和完整性的权利）
- 数据安全权
- 合规质疑权
- 被通知数据泄露的权利
- 数据迁移权

3.6.5　跨境传输

PIPEDA 并未明确禁止或限制跨境数据传输。但是，传输数据的组织被视为对其拥有的个人信息负责，无论数据在何处处理，都需要遵守上述要求。

我们已经讨论过 PIPEDA 在加拿大某些省份不适用的事实。然而，对于在商业活动过程中跨越省界或国界的数据传输，无论数据源自哪个省，PIPEDA 都适用。

3.6.6　数据泄露通知

组织如果有理由怀疑其安全保障措施违规真的可能会给个人造成重大伤害，则必须向加拿大隐私专员办公室报告其所控制的个人信息的所有安保措施违规情况。故意不报告泄露事件或不通知个人的组织可能面临高达 10 万加元的罚款。

PIPEDA 适用于除某些省份或情形以外的加拿大商业活动，但有趣的是，它未明确规范数据跨境传输。然而，数据处理者仍然要对数据负责，即使在加拿大境外也必须遵守 PIPEDA 的要求。

3.7　新加坡

新加坡议会于 2012 年通过了 PDPA，以规范组织对个人数据的收集、使用和披露。这是一项跨部门的基准法律，为个人保护提供一致的标准，同时允许组织出于合法目的利用个人数据。

3.7.1 适用范围

PDPA 适用于新加坡的所有组织，包括私营公司、协会、俱乐部和公共机构，除非组织有特别豁免权。PDPA 涵盖所有个人数据，即可以识别个人身份的数据，无论是否真实，也无论是电子形式还是其他形式。

PDPA 不适用于为达成私人或家庭目的的个人行为、在组织雇佣期间的职务行为、任何公共机构或商业联系信息。[⊖]

3.7.2 目的

PDPA 的主要目的是保护个人数据免受滥用。它旨在通过确立一致的数据保护标准来促进数据跨司法辖区的自由流动，从而增强新加坡的竞争力，并巩固其值得信赖的商业枢纽地位。

⊖ 请参见：https://www.pdpc.gov.sg/Overview-of-PDPA/The-Legislation/Personal-Data-Protection-Act

3.7.3 要求

PDPA 对组织规定了以下义务：

- **同意义务**：组织为特定目的而收集、使用或披露个人数据之前，必须获得个人的同意。

- **目的限制义务**：只有出于理性人认为恰当的目的，且已适当通知该个人的情况下，组织才能收集、使用或披露有关个人的个人数据。

- **通知义务**：组织必须在收集、使用或披露个人数据之前或之时，将这么做的目的告知个人。

- **访问和更正义务**：应个人要求，组织必须尽快将其所拥有或控制的个人数据提供给个人，并告知该个人在过去一年内已经或可能被使用或被披露的信息，还必须更正该数据中的错误或遗漏。

- **准确性义务**：如果个人数据可能用于做出影响该个人的决定，或被披露给其他组织，则自行或委托他人收集数据的组织必须采取合理措施，确保该数据准确完整。

- **保护义务**：组织必须采取合理的安全措施，使其拥有或控制的个人数据能够规避未经授权的访问、收集、使用、披露、复制、修改、处置等类似风险。

- **保留限制义务**：一旦有合理理由认为收集个人数据的目的无须通过保留个人数据来实现，且保留该数据不再出于法律或业务目的，组织就必须终止保留包含该数据的文件，或需要删除可将该数据与特定个人相关联的信息。
- **传输限制义务**：组织不得将个人数据转移到新加坡以外的国家或地区，除非符合 PDPA 规定的要求，以确保组织为所转移的个人数据提供了与 PDPA 规定的保护标准相当的保护标准。
- **问责义务**：组织必须指定一名或多名人员负责确保组织遵守 PDPA。组织必须根据要求提供其数据保护政策、实践和投诉流程的相关信息。

3.7.4　数据主体的权利

PDPA 赋予个人以下权利：

- 同意权
- 同意撤回权
- 知情权（组织在收集时和个人提出要求时，个人有权了解组织收集、使用或披露其个人数据的目的）
- 访问权

- 更正权

- 数据迁移权

- 保护权（免受未经授权的访问）

- 数据泄露通知权

3.7.5 数据泄露通知

针对达到某些标准的情形，2020 年 PDPA 修正案引入了数据泄露通知的强制性要求。这使得当个人数据在数据泄露中受损时，个人有权获得通知。

3.7.6 跨境传输

PDPA 第 26 条对个人数据的跨境传输设定了具体要求。基本理念是确保个人数据传输到新加坡境外时所受的保护水平不会低于 PDPA 所提供的保护水平。这些要求包括**传输限制义务**（数据在传输到新加坡境外时必须保持与 PDPA 类似的保护水平）；**尽职调查**和**具有法律约束力的义务**（如合同义务、法定义务、具有约束力的公司规则或其他具有法律约束力的手段）。

数据传输限制存在例外情况。最重要的是，如果个人在被告知可能的风险后依然同意传输个人数据，则个人数据可在不保证相当保护标准的情况下传输。

3.7.7 执法

违反 PDPA 可能会导致包括罚款、控告（针对个人）和民事诉讼在内的处罚，并且该组织很可能被命令停止收集、使用或披露个人数据，并销毁违法收集的个人数据。

新加坡的 PDPA 是一项全面的法规，包含了对同意、目的限制、准确性、保护和数据泄露通知的常规要求。它还有一项问责要求，意味着需要指定员工确保合规并需要应要求分享内部数据隐私政策。

对跨境数据传输的限制意味着在将数据传输到其他国家时，数据受到的保护水平不得降低。然而，这一限制可以通过事先告知可能的风险并征得个人明确同意来规避。

3.8 南非

POPIA 是南非的一部法律，旨在规范公共和私营组织对个人信息的处理。该法案于 2013 年通过，并于 2020 年 7 月 1 日正式生效。

POPIA 的目的是保护个人隐私，并赋予个人对自己个人信息的控制权。它还旨在使合规性标准化，符合国际标准，与 GDPR 等法规紧密对齐。

3.8.1 适用范围

POPIA 适用于在南非处理任何个人信息的所有组织。境外组织处理南非公民或居民个人信息的，即使处理行为也发生在境外，也适用该法案。国家安全、执法或科学研究活动则不适用。

POPIA 包括关于直接营销、自动化决策以及处理特殊个人信息（如宗教或哲学信仰、种族或民族、工会会员身份、政治观点、健康信息、犯罪记录）的具体规定。

有趣的是，POPIA 不仅适用于自然人，还适用于法人实体，如公司。这与大多数仅适用于自然人的法规（包括 GDPR）不同。

3.8.2　要求

POPIA 概述了对责任方（决定处理个人信息的目的和方式的主体）的几个关键要求：

- **问责制**：责任方对个人信息处理的合法性负责。
- **处理限制**：个人信息必须以合理的方式处理，不得侵犯数据主体的隐私。数据的处理应适当、相关且不过度。
- **目的明确性**：个人信息的收集应有具体、被明确定义且合法的目的，并与责任方的职能或活动相关。
- **进一步处理限制**：个人信息的进一步处理必须符合最初收集数据的目的。
- **信息质量**：责任方必须确保个人信息完整、准确、无误导性，并根据需要加以更新。
- **公开性**：责任方必须在收集个人信息时向数据主体说明收集行为、信息的性质、收集目的，并告知其有反对处理的权利。
- **安全保障**：责任方必须采取适当措施，确保个人信息的完整性和保密性，防止信息丢失、损坏或被非法访问。

- **数据主体参与：** 数据主体有权访问和更正其个人信息。

3.8.3　数据主体的权利

POPIA 赋予数据主体与 GDPR 类似的权利：

- 被告知权
- 访问权
- 更正或删除权
- 反对权
- 投诉权
- 知情权
- 被告知安全受损（即数据泄露）的权利

然而，它还增加了一些独特的权利：

- 防止直接营销的权利：POPIA 赋予数据主体拒绝接受直接营销信息的权利。实体在发送营销信息之前需要获取数据主体的同意。
- 防止自动化决策的权利：如决策仅基于个人信息自动处理而做出，数据主体有权不遵从。这些决策往往会建立个人画像，涉及个人的工作表现、信用状况、健康状况、个人偏好等。

3.8.4　跨境传输

POPIA 第 72 条涉及跨境数据传输。它规定，符合以下情况之一，则允许向其他国家传输数据：

- 接收国提供充分的法律保护
- 数据主体已经同意传输其个人信息
- 为履行合同所必需（在某些情况下）
- 传输符合数据主体的利益（在某些情况下）
- 传输有利于数据主体（在某些情况下）

这些选项使得该法规比 GDPR 或其他一些法规宽松得多。

同时，POPIA 也适用于公司，这使得将公司数据传输到南非境外更为复杂。按照第一个条件，大多数国家都不符合"充分"的要求，因为它们的数据隐私法规不适用于公司。这是组织需要充分注意的。

3.8.5　执法

信息监管机构（Information Regulator）是负责执行 POPIA 的独立机构。该机构的权力包括调查投诉、发布合规通知和实施制裁。

违反 POPIA 的组织可能面临多项制裁，包括最高可达 1000 万南非兰特（ZAR）的罚款。

POPIA 适用于在南非境内的数据处理或在境外对南非公民数据的处理。它大体上遵循 GDPR 模式，但有独特的适用范围，包含关于直接营销、自动化决策和特定类型个人数据的规定。跨境传输限制显著低于 GDPR。虽然涉及公司的数据传输相对复杂，但 POPIA 也适用于此类数据。

3.9 隐私法规比较

我们已经了解了各种各样的法规。一方面，我们看到 GDPR 全面和严格规范数据传输。另一方面，我们看到印度尚无具体的数据保护法（但组织也应为印度将来的数据监管做好准备）。美国的监管稀疏且分散；巴西的法律虽受 GDPR 启发，但做了针对巴西需求的具体改变；中国有一个集数据安全、个人信息和其他主题于一体的综合法律框架；新加坡试图平衡保护公民数据与营造国家的商业吸引力和竞争力。

各国政府意识到，商业和数据的特征日益全球化，各地法规的多样性正在阻碍组织间的数据流动。一些国家正计划修订其法规，以对标被视为"金标准"的 GDPR，使该国作为数据接收国满足数据安全保证的充分要求。

法规一个有趣的方面是其域外效力。换句话说，法规是否适用于境外的实体。几乎所有法规都适用于该国公民数据的境外处理。因此，即使允许跨境数据传输，接收实体仍需遵守数据来源国的法规。

让我们比较这些法规的几个关键方面，如表 3-1 所示。

表 3-1　不同国家 / 地区数据隐私法规对比

国家 / 地区	地域范围	规制范围	要求	跨境传输限制
巴西	全国性	中等	严格	中等
加拿大	全国性，含例外	广泛	中等	中等
中国	全国性	广泛	严格	严格
欧盟	地区性	广泛	严格	严格
印度（截至 2023 年）	/	/	无	低
南非	全国性	广泛	中等	低
新加坡	全国性	广泛	中等	中等
美国	碎片化	狭窄	严格	低

4

跨国组织数据隐私的挑战

　　在上一章中，我们已经了解了现有的区域性、地方性和国家级法规的多样性。在全球范围内运营的组织处理的数据流经各个国家和司法管辖区。在本章中，我们将讨论这些组织面临的主要挑战以及这些挑战对其数据隐私战略的影响。

　　我们谈论的是数据隐私战略而非合规战略，因为我们认为战略不应仅仅关注合规。降低风险也是一个目标，因为数据泄露后的通知可能代价高昂。文化和伦理方面也同样重要。客户非常关注公司的企业价值观，在数据隐私方面的不当行为可能会侵蚀公众信任或造成声誉损害。

4.1　组织数据流

　　在当今的数字化世界中，数据通常在我们不知情的情况下跨地域流动。跨国传输个人数据意味着数据流转至不同国家时需要遵守各国／地区不同的法律法规。

不遵守这些法律法规可能会导致重大经济处罚和声誉损害。

组织需要一个详细的数据流图来识别数据的来源、处理地点、存储位置以及数据在组织内部和外部的流动方式。当然，通常来说，了解全球数据流是一种良好的数据治理实践，这是建立健全安全措施的必要条件。跨境流动的数据可能容易受到泄露和其他网络威胁的影响。通过清晰地了解数据流动的情况，组织可以更好地预见漏洞并降低潜在风险。

数据生命周期是补充数据流工作的一个重要概念。数据生命周期是指数据从收集、使用、存储、披露到删除所经过的不同阶段。这个生命周期为组织如何处理数据提供了一个端到端的框架。每个阶段都需要不同的数据隐私保护实现方法。在创建数据流时，了解数据在各个阶段如何被使用以及由谁使用非常重要。

虽然创建数据流是公认的数据治理的良好实践，但这并不意味着组织能够完全掌控一切。在大型组织的日常运营中，各个部门进行数据的收集和处理已经长达数十年。直到近期，人们才意识到数据是宝贵的企业资产，并且他们需要遵守数据保护法律，这促使组织开始实施数据治理计划。尽管如此，大多数数据治理计划尚未达到对全球数据流动有清晰洞察的阶段。

　　社会的快速数字化意味着许多组织正在经历某种形式的数字化转型。这一过程历时数年，对于在企业环境中充分发挥现代技术的潜力至关重要。这种转化的一部分是优化组织内部的数据交换机制。它要求打破数据孤岛，促进各部门之间的信息流动。在实践中，一些具有前瞻性的组织进一步推进转型，通过调整运营模式使其完全由数据驱动。

　　为实现这一目标，组织通常会制定数据战略。战略概述了各种数据源以及组织的多样化数据需求。战略计划通常会包括将数据整合到一个中央存储库（譬如数据仓库、数据湖或其他集中式数据结构）中，目的是使数据在整个组织中更易于访问和操作。

　　然而，这很快就造成了与数据隐私目标的冲突——无论是组织的内部政策还是外部合规要求。问题在于，数据战略通常侧重于效率和可用性，目标是基于可用数据做出明智决策。因此，关注的重点往往在于数据共享及其可用性。数据战略还需从数据隐私的角度进行考量。

　　为了遵守数据隐私法规，最简单的解决方案是将所有数据存储在其收集的地点（国家或地区），不进行转移或在其他地方使用。对于某些数据也许可行，但对于需要跨组织分析的数据并不适用。因此，数据隐私战略和数据战略的目标经常会产生冲突，需要在两者

之间找到平衡。组织应基于同时涵盖数据保护和利用的框架⊖制定
数据战略。数据利用专注于客户业务功能，而数据保护则聚焦于降
低风险并确保合规性。从数据保护的角度，数据隐私战略可以作为
整体数据战略的一部分，或者对其有所贡献。至少，数据隐私战略
应与整体数据战略保持一致。

4.2　跨境数据传输

鉴于跨国公司业务全球化的特征及其对在全球范围内共享信息
的需求，跨境数据传输在其日常运营中尤为重要，而要遵守各国的
相关法规面临着重大挑战。正如我们在第 3 章中所讨论的，不同国
家之间的数据隐私保护法律法规及监管环境存在显著差异。跨国公
司的最佳做法是满足合作国家在跨境数据传输方面最严格的法律要
求。同样重要的是，要了解组织与隐私法不完善的国家合作所涉及
的影响和风险。

正如我们所见，世界各地的法规从"个人数据"的定义，到
数据收集、控制、处理或使用数据过程中的不同角色认定，再到
法律保护的数据主体（如国家公民、合法居民，甚至在南非的法

⊖　请参见：https://hbr.org/2017/05/whats-your-data-strategy

律中包括公司）的界定等方面均存在差异。这些差异使企业政策的制定更加困难，即使是基本定义也需要根据数据的地域背景不断调整。

不同国家法规之间的不一致性使跨国公司身处困境。在一个国家可被接受的做法，可能在另一个国家是非法的。例如，俄罗斯和中国等国家的数据本地化法律要求某些数据必须存储在境内，这可能与其他国家的法规相冲突，或者使集中化的数据管理变得困难。

尽管如此，在制定数据隐私战略时也可以对全球数据隐私法规之间的差异加以利用，我们将在第 5 章中进行探讨。

4.3　法律和监管挑战

全球性组织常常面临复杂多样的法律和监管环境。不同的司法管辖区都有其独特的数据保护法律，这对理解和遵守每一项法律构成了重大挑战。此外，部分司法管辖区（如欧盟的 GDPR）在其隐私法中包含了域外适用条款，使得合规性挑战更加多面化。

以一家在巴西设有子公司的欧洲公司为例。在处理欧盟公民的个人数据时，该公司必须遵守 GDPR。同时，其在巴西处理的客户数据将受到巴西隐私法（如 LGPD）的约束，而这些法律有不同的规定和要求。这种法律义务的分歧有时会导致法律冲突，使得组织在协调这些相互冲突的要求时陷入困境。

除了应对法律冲突的挑战外，组织还必须及时了解其所在的不同司法管辖区的法规变化。隐私法发生变化需要组织调整数据处理实践，这要求组织具备敏捷性和持续的警觉性。

还需要强调的是，在隐私增强技术（提供共享和处理敏感数据能力的技术）的使用上也需要存在法律和监管方面的考量。这些技术的使用必须与现有法律和政策保持一致，并且在应用时需要法律专家的指导。不同的法律和司法管辖区对特定项目或背景下的技术解决方案的适用性存在疑问或担忧。

4.3.1 缺乏明确性

有一些法规非常明确并且 / 或者有大量可参考的判例。而另一些法规则存在很多遗留问题。例如，印度现已废除的 PDPB。

与 GDPR 不同，PDPB 对个人数据的跨境传输施加了更严格的限制。PDPB 并未明确规定个人数据传输的要求，然而，它禁止传输"关键个人数据"（政府尚未做出明确界定），特殊情况下除外。例如，数据受托人可以在提供紧急医疗服务或应急服务所必需的情况下，或在政府和数据保护局允许的情况下传输此类数据。

4.3.2　与第三方的合同义务

跨国公司通常聘用第三方供应商进行数据处理活动。这些供应商遍布全球，确保它们遵守各国法规是一项重大任务。需要起草复杂的合同并持续监控供应商的数据处理活动。合同内容中必须包括供应商对数据管理和处理的明确预期和记录，包括数据的访问、处理、共享、存储和销毁的详细信息。组织应定期及在需要时对供应商进行审计，以确保其合规。

4.3.3　数据泄露

因数据需流转于不同网络、系统和参与方之间，跨境传输数据也增加了数据泄露的风险。遵守各国不同的数据泄漏通知法极具挑战性且成本高昂。按照不同司法管辖区的规定通知受影响的各方，在组织安排和法律上非常困难。

4.4　文化和伦理考量

法律和监管挑战只是问题的一部分。全球性组织还必须应对文化和伦理方面的考量。

深入了解当地的文化禁忌，能够更加高效地帮助国际组织调整产品或服务，使其符合当地市场的需求，但这同时也对组织的数据隐私保护提出了特定的要求。对隐私的理解和重视程度在不同文化中存在显著差异。一部分社会群体更强调个人隐私，另一部分社会群体则认为集体或社会利益应置于个人隐私权之上。一项考察了来自加拿大、中国、德国、美国、英国、瑞典、澳大利亚和印度8个国家的参与者的调查研究⊖中，提出了一个基于文化、人口统计、态度和情境因素的跨文化隐私预测模型，该模型显示出个人主义国家与集体主义国家在隐私观点上的差异。

在应对这些文化差异时，组织必须在尊重隐私权与实现商业目标之间找到平衡。采取"一刀切"的做法既不可行，也不可取。

组织的一个目标是以合乎伦理的方式行事。对一个组织来说，若它被公认为具有强大的伦理原则，那么做"正确的事"将有利于其业务目标或使命的实现。

⊖　请参见：https://petsymposium.org/popets/2017/popets-2017-0019.php

　　战略目标要围绕与客户或受众建立信任展开，信任度和透明度对于商业成功至关重要。组织可以通过公示其数据处理方式及授权个人控制数据来促进这一目标的实现。这有助于稳固客户关系以及维护品牌全球声誉。不仅仅是客户，对当地文化的敏感性还能促进与当地合作伙伴、供应商及政府机构建立良好关系。

　　例如，许多法规要求"数据最小化"，这也是建立信任的有效方法。可以将数据类别划分为"必要数据""有用数据"和"可选数据"。遵照当地文化及价值观，核查"有用数据"和"可选数据"，确定特定数据项是否会引起公众争议，并避免搜集非关键性的敏感数据。

　　保持透明是数据保护和隐私领域的核心原则之一。它要求组织明确和公开地说明其数据收集的种类和目的。用尽可能简单的语言来解释，而不是故意缩小字号！

　　在全球化的商业环境中，国际数据隐私法规的复杂性和差异性对任何跨国组织都形成了重大挑战。这要求组织必须对跨国数据传输有清晰的认识，深入理解不同法律和监管环境，并对文化和伦理因素进行细致地考量。

　　在下一章中，我们将依据本节所辨识的关键要素制定数据隐私和保护战略。探讨诸如隐私设计和数据保护影响评估等实用的工具和框架，以帮助组织建立坚实、合规且具伦理性的数据保护机制。

5

制定战略

合规性并非制定数据隐私战略的唯一立足点。根据思科于 2020 年发布的研究报告[一]显示，组织在隐私保护方面每投入 1 美元，平均可获得 2.70 美元的相关收益。此外，该研究还指出，组织从隐私数据中获得的商业收益远超合规成本，包括具有更好的敏捷性与创新能力、增强竞争优势、提升对投资者的吸引力以及赢得更高的客户信任度。

制定数据隐私战略时，必须确保其与组织的整体业务战略保持一致。换言之，数据隐私战略不仅应满足合规性要求，更应成为实现组织目标的推动因素。

将数据隐私战略纳入组织整体的数据战略规划是一个良好的开端。数据战略包括数据治理、数据管理、数据安全、技术工具、基础设施以及变革管理。在这些战略制定及技术应用的过程中全面考虑数据隐私，将使组织最大化其隐私保护措施的收益。

采用基于风险的方法具有可行性。首先要认识到，组织采集的

[一]　Cisco Data Privacy Benchmark Study 2020

每项个人身份信息（PII）都是一个风险项，你需要权衡这种风险与组织的利益。某些数据是必要数据，如不存储收件人地址，就无法处理园艺家具的在线订单；有些数据则是非必要数据，如所采集数据并未被使用或没有用处。工程师、业务分析师及市场营销部门总是希望尽可能长时间地保留尽可能多的数据——尽管他们不知道这些数据什么时候会派上用场！然而，这通常不被法律所允许，从风险管理的角度来看也并不明智。

风险管理与 IT 安全之间存在紧密的联系。数据的物理和电子保护措施对数据隐私事件面临的风险具有重要影响。

明确组织中哪些角色是制定数据隐私战略的利益相关者，是确定优先级、提供要求和限制条件以及执行战略的关键。首席信息官（CIO）、首席数据官（CDO）、营销主管、IT 基础设施运营主管和首席信息安全官（CISO）是关键合作伙伴，因此在整个战略制定的过程中，让他们参与进来至关重要。

5.1　战略制定流程

建议通过如图 5-1 所示的七个步骤制定数据隐私战略。

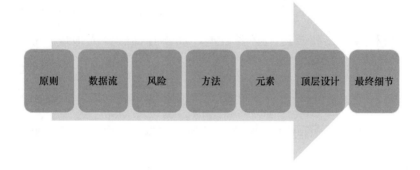

图 5-1　数据隐私战略制定流程

- 建立原则

- 分析数据流

- 评估当前主数据流中的风险（本地风险和数据传输风险）

- 与高层管理人员及其他利益相关者就顶层设计机制达成一致

- 分析数据隐私战略可能包含的元素

- 制定顶层设计战略，利益相关者进行审核

- 制定详细规划

以下是详细说明。

5.1.1　建立原则

建立原则可以为制定数据隐私战略提供坚实的决策基础。哪些价值观对组织而言是不允许妥协的？组织的核心价值观如何影响其

数据隐私战略？

这些原则的例子可以是：

- 诚信经营

- 恪守透明、公平和真实原则

- 树立值得信任的企业形象

- 培养企业文化，尊重员工以及商业合作伙伴

- 具有文化敏感度和无私精神

- 遵守道德规范

- 建立有效的企业问责机制

以上原则的例子为实现组织的隐私保护理念和使命奠定了基础。这些对组织隐私功能的愿景和目标进行了简要说明，它们应与组织的整体目标保持一致。

将数据隐私战略建立在组织的经营原则之上，有助于在需要权衡某些数据处理的收益和风险时做出决策。这些原则还将帮助你获得高层管理人员和其他人对数据隐私战略的支持。

在技术层面，可以从数据保护的最佳实践中总结出以下原则。包括：

- 避免过度收集。审查收集的所有信息是否确实被使用过。不

要收集不需要的信息，并尽早处理信息。存储每一条信息都需要花费成本，还会构成风险。

- 尽可能保持数据存储在原地不动。数据迁移不仅会增加隐私合规问题，还会引入安全风险。
- 追踪所采集的数据。
- 在数据处理活动中对数据主体保持透明。
- 确保数据的准确性和及时更新。
- 采取适当的安全保障措施保护数据。

以上技术原则为构建战略蓝图奠定了有效的基础。它们旨在预防问题的发生，而不是在问题出现后再开始解决。

5.1.2 分析主数据流

在第 4 章中，我们已讨论了数据流以及如何创建详细的数据流图。分析组织中的主数据流需要花费大量的时间。根据公司的规模的不同，分析主数据流可能需要数周、数月甚至数年的时间。你需要与数据所有者、IT 人员以及各国办事处的工作人员进行广泛沟通。如果你的组织已建立了数据治理机制，则为你的分析工作的顺利开展提供了良好的准备。如果你所在的行业受特定法规约束，为了满足监管要求，可能你在前期已经进行了部分相关的分析工作。但即便如此，这些数据流图对实现数据隐私目标来说仍不够完整。

想象一下，作为一家美国电子商务公司，你的组织通过在巴西工作的执行团队的远程操作，从公司设立在中国的工厂直接发货给欧洲客户。要追踪收集其他国家的同事获取的或由第三方共享的客户数据，是一项艰巨的任务。大多数组织对此都没有清晰的了解，在制定数据隐私战略时，你需要引起重视。

1. 设定目标水平

当你开始分析公司的数据流时，你可能想大致了解一下情况的复杂性。你需要将其与可用资源（团队规模）、预期中的合作水平以及时间框架进行比较。设定无法实现的宏伟目标是没有意义的。

确定组织实际的期望成熟度。可能是表 5-1 所示的成熟度水平之一。

表 5-1　组织的成熟度水平

序号	成熟度	特征
1	最低要求	意识到个人数据被共享到外部或被跨境迁移
2	较低	意识到个人数据的收集、存储、处理、使用、共享或迁移
3	良好	意识到所有个人数据和其他敏感数据的收集、创建、存储、处理、使用、共享或迁移
4	最优	完全了解公司内部所有数据流，包括个人、敏感数据或其他数据的收集、创建、存储、处理、使用、共享或迁移

确定实际的成熟度水平后，需要与高层管理人员确认是否可以将其作为现阶段的一致目标。否则，应及时调整参数，如必须改变投入资源或时间进度。

2. 数据清单

确定成熟度目标后，下一步就是对每个运营地点收集的数据进行初步盘点。这里的"地点"可能指国家、部门或分支机构。还需要收集必要的元数据，包括数据类型、采集地点（如国家）、采集方式（背景）、存储方式、采集数据前获得的任何许可以及保留期限。根据你的业务领域，你可能还需要收集其他元数据，表 5-2 是数据元素示例。

表 5-2　数据元素示例

客户地址						
数据类型	采集地点	采集方式	保留期限	同意	敏感度	存储方式
文本	欧洲	用户输入（订单表）	无限期	默示	不敏感	CM SQL 数据库（德国，欧盟）

即便是在同一个国家内，由哪个部门负责收集数据都具有重要意义，因为这些数据可能是为特定目的收集的，并且／或者可能是基于特定目的或背景获得了同意。客服部门可能为帮助客户解决产品问题而收集了数据，营销部门可能会将这一过程中收集的数据用

于其他用途，而这些用途可能并非有效的合法目的。

你可以通过查看数据库架构、流程图或应用程序文档来获取这些信息。通常情况下，这些信息的获取需要综合查看这些资料。当然，你需要查找的是个人数据，而非公司的所有数据。但是，正如我们在第 2 章中所述，个人数据的形式多样，包括所有能够以某种方式追溯到特定个人的数据。

cookie 是一种有趣的数据收集方式。组织可以创建 cookie，并且组织是唯一能够访问它们的主体。然而，你并不持有这些信息——数据主体自身持有这些信息。数据主体可能不知情，因为收集的数据存储在他们的互联网浏览器中。这使操作变得更为简单（这就是 cookie 广受欢迎的原因），但仍然必须遵循向用户提供的隐私声明中的规则。在收集和处理其个人数据方面，对用户保持透明非常重要。

3. 映射数据流动

接下来的挑战是分析数据流。与前述相同，流程图和应用程序文档仍然是信息的重要来源。对参与信息处理的员工进行访谈可能会特别有帮助，但这不能成为唯一的信息来源。通常情况下，组织会收集和存储一些未被意识到且未被使用的数据。应该消除这些不必要的风险暴露。

以可视化和便于分析的方式记录这些数据流动可能具有挑战性。对于简单的情况，电子表格或流程图可能就足够了。但随着数据元素数量的增加，复杂性会迅速上升，甚至可能变得混乱不堪。因此，你可能需要使用数据库来存储数据流，并利用查询进行分析。有些人更倾向于使用知识图谱，这是一种特别适用于存储数据之间关系的数据库类型。你的数据库应当能够回应各种查询，例如，"从英国客户那里收集的敏感数据有哪些？"或"哪些数据元素从欧盟转移到了我们在印度的数据处理中心？"并且在理想情况下，它能够提供一些工具以使这些信息可视化。

4. 数据生命周期

在上一章中，我们简要讨论了数据生命周期。这是一个有助于深入理解数据使用方式的模型。理想情况下，在数据库或在其他形式中存储有关数据元素信息的方式，也应能够可视化数据的生命周期。这在下一步确定每个数据元素相关的风险时尤为有用。

5.2　评估风险

现在你对组织中的数据流动有了更清晰的了解，你已准备好评估组织的风险敞口。在数据处理过程中，风险可能在数据生命周期的任何阶段出现，通常是由缺乏管理机制和技术保障措施所导致的。采集和处理数据的风险包括：

- 在数据采集过程中违反法规（例如，在无法律依据的情况下采集数据）
- 在数据处理过程中违反法规（例如，将数据用于与最初指定目的不同的用途）
- 违反跨境传输法规
- 数据泄露（包括通知主管部门和数据主体的成本以及声誉受损的影响）
- 即使你的数据采集和处理合法，也可能会有社会和文化抵制（例如，用户体验的过度个性化或营销活动中对个人进行定向推送可能会产生反效果）。

5.3　制定顶层设计机制

　　分析数据元素、数据流和风险敞口可以让你对挑战有更清晰的认知。现在是制定顶层设计机制的时候了。你不需要一份冗长的文件——如果必要的话，可以用一页纸甚至一段话来描述。但在大多

数情况下，你需要解释你的理由并阐明该机制的意义，以确保所有
利益相关者都能理解和支持该机制。顶层设计机制描述了你的战略
所基于的框架或模型。可以参考以下标准框架。

5.3.1　基于原则的机制

如果你的组织已经有一套贯彻实施的原则，那么基于共同原
则实施全球隐私框架是一个明智的选择。基于原则的机制的其他
示例包括经济合作与发展组织（OECD）准则[○]、亚太经济合作组织
（APEC）隐私框架[○]，以及基于联合国系统数据隐私原则的联合国数
据隐私政策[○]。

5.3.2　以伦理为中心的机制

与前一种选择相关，以伦理为中心的机制超越了单纯遵守法规
的要求，将伦理置于方法论的核心。研究机构和大学多采用这种方
法。同时，一些技术初创企业也采用了这种方式，特别是那些在人
工智能和生物技术等新兴领域探索新边界的公司，它们面临社会难
以迅速摆脱的伦理困境。

○　请参见：https://doi.org/10.1787/9789264196391-en
○　请参见：https://www.apec.org/Publications/2017/08/APEC-Privacy-Framework-(2015)
○　请参见：https://unsceb.org/privacy-principles

5.3.3　基于风险的机制

对于旨在缓解与数据隐私相关的财务、法律和声誉风险的企业而言，基于风险的机制是一个理想的选择。其战略可包括持续的评估、控制措施、政策和程序，以减轻已识别的风险，并进行定期审查以确保控制措施始终保持有效及相关。

5.3.4　基于标准的机制

对于在被严格监管的行业或环境中的组织，如银行、医疗服务提供者或政府机构，采用国际标准和框架可能会非常有效。

ISO/IEC 27701⊖是一个国际标准的例子。在美国，国家标准与技术研究院（NIST）发布了多个框架和标准，包括 NIST 隐私框架⊖。这些框架超越了数据隐私的范畴，能够帮助实现与网络安全风险管理等领域的协调一致。

5.3.5　技术驱动的机制

这种机制将技术置于实现数据隐私目标的核心位置。有许多解

⊖　请参见：https://www.iso.org/standard/71670.html
⊖　请参见：https://www.nist.gov/privacy-framework

决方案（如隐私增强技术）可以自动执行某些隐私控制。此外，还有用于数据映射、风险评估和同意管理的自动化工具，以确保隐私措施得到一致应用。这种机制更适用于高度数字化的环境，在需要处理大量数据或商业环境变化莫测的情况下，数字基础设施管理至关重要。

有效机制必须综合考虑组织的业务优先级，数据隐私的目标，组织文化以及现有的原则、价值观、框架和战略。当然，不局限于上述选项。你可以结合以上方法量体裁衣。重要的是要认识到，顶层设计机制不是一成不变的方案，特别是在不同地区，它必须适应特定的法律法规和文化环境，组织的实际情况也同样影响决策。大型组织通常设有具有高度独立且自成一体的"文化"的区域办事处。即便是在解释和执行同一法规（如 GDPR）时，北美办事处也可能不愿采用与欧洲办事处相同的隐私方法。因此，尽管从战略角度来看，为组织制定一个全球统一的隐私标准是有意义的，但可能并不可行。

5.4 分析可行性要素

你已经为战略的制定进行了大量的准备工作。我们建议在构建并撰写战略之前，再进行一项准备工作。

我们希望创建一个顶层设计清单。示例如下：

- 数据最小化（涉及收集、存储、保留、传输。建议将数据最小化作为战略中的基本原则，因为许多法规都有此要求。）
- 数据处理（当前可以分析什么？我们需要保留哪些原始数据形式？基于收集的数据创建合成数据并传输这些合成数据是否可行？）
- 地理战略（哪些数据应被存储和处理于何处？如何最小化数据传输？）
- 技术战略（如何利用隐私增强技术及其他电子数据治理解决方案等技术手段？）

在研究组织中的数据流、识别需求和风险、与各利益相关者对话以及确定顶层设计机制的过程中，你可能已经发现了其他需要在战略中解决的问题。应专注于顶层设计的主题，而非细节问题。将细节问题保存在列表中，留待实施阶段再处理。

以下是你可能考虑纳入的更多主题示例：

- 持续改进和敏捷性（隐私环境在受威胁和法规方面不断变化。

战略及其治理机制与控制措施不应是静态的，而应包含定期审查、审计与反馈机制，并在必要时具备更新与改进的灵活性。）

- 利益相关者协作（与其他业务部门、法律团队、IT 部门及外部利益相关者协作，对确保隐私战略的全面性与稳健性至关重要。应采取哪些机制来促进这种协作？）
- 文化（在整个组织内培养隐私意识文化。）
- 透明度与问责制（对利益相关者保持透明，尤其是数据主体。应建立机制来展示问责，如数据保护影响评估、审计及记录数据处理活动。）
- 事件准备与响应（无论组织得多么完善，事件仍有可能发生。制订强有力的事件响应计划，以应对数据泄露等事件。）

5.5　制定顶层设计战略

现在是时候为你的战略撰写大纲了。在前期准备工作中，你已经收集了所有必要的元素。如何将它们组织成一个连贯的战略呢？

没有一种模式适用于所有情况，我们也无法提供标准的数据隐私战略大纲，但我们可以提供以下模板作为起点：

（1）执行摘要

（2）引言

- 组织的背景
- 数据隐私对组织的重要性

（3）目标和宗旨

- 组织的隐私愿景和 / 或使命

（4）原则与价值观

- 组织的核心价值观
- 对利益相关者的透明度和与他们的沟通机制
- 其他承诺

（5）组织结构与角色

- 指定数据隐私官或同等职责职位
- 董事会或委员会
- 关键利益相关者的角色与职责

（6）监管环境

- 审查组织在不同国家和业务中需遵守的相关数据隐私法规与标准

（7）政策与程序

- 制定与维护数据隐私政策
- 同意管理
- 管理数据主体请求
- 事件准备与响应
  - 数据泄露响应计划
  - 定期测试事件响应机制
- 特定数据处理活动指南
- 应用程序开发指南

（8）数据环境

- 组织内数据流的高级映射

（9）风险评估

- 已识别的数据隐私风险及其潜在影响
- 第三方风险——供应商协议和合同中的隐私条款

- 风险优先级排序
- 与 IT 风险管理协调一致

（10）数据处理战略

- 数据流优化
- 数据最小化
- 数据处理工具

（11）数据治理

- 与现有数据治理实践协调一致
- 其他的数据治理需求

（12）技术战略

- 数据治理与数据管理工具
- 隐私增强工具
- 与 IT 基础设施管理协调一致

（13）文化变革管理

- 培养隐私意识文化
- 提高所有员工的隐私意识与数据素养

（14）监控与合规

- 内部审计与隐私影响评估
- 确保监管合规的机制
- 衡量隐私计划有效性的关键绩效指标

（15）持续改进与适应

- 反馈机制
- 基于反馈、法规变化、组织数据使用变化和技术进步更新隐私战略的机制

你必须与利益相关者讨论战略大纲，虽然这不是我们流程中的独立环节。利益相关者包括高层管理人员、法务部门、IT 部门（特别是 IT 安全部门，还包括基础设施与应用程序开发部门）、数据所有者或管理者，以及主要数据使用者——那些工作依赖于数据，且日常受数据隐私措施影响的人。

5.6 详细规划

现在我们有了大纲，并且已经获得所有利益相关者对数据隐私

战略内容的一致意见，我们可以开始填充细节了。大纲中的许多标题仍需要大量的研究与分析。

我们不会逐一讨论战略模板中的每个章节标题——有些是显而易见的，有些已经在前面的章节中讨论过，例如监管环境。但我们会重点介绍几个方面。

5.6.1　风险评估

我们建议你依次考虑多个方面。可以针对每个数据元素或特征相似的数据元素组进行这样的考虑。

1. 数据采集

采集数据有怎样的风险？在某些国家，被定义为敏感数据的数据可能需要特殊处理。关于种族、宗教或健康状况的数据在某些国家或群体中尤为敏感。

2. 数据传输

部分国家之间的数据传输可能非常容易——因为数据发送方所在国家不管制数据传输，或因为数据接受方所在国家被认为提供了

"充分"的数据保护，因此允许进行数据传输。有些数据传输可能会困难或有争议——可能会明显违反法律，或者在某些情况下合法状态不明确。这些是组织可能愿意或不愿意承担的风险。同样重要的是要意识到，即使在一个国家或办公区域内，任何数据传输都存在 IT 安全风险。最安全的做法是永远不移动数据，但在许多情况下，这是不切实际的建议。

3. 数据处理

某些数据处理方式属于合法使用范畴，某些则明显违反法律法规和 / 或背叛客户的信任，一些情况介于两者之间。你的工作是确定以某种方式处理数据时所具有的"滑坡"效应。与数据所有者和法律团队合作，以确定数据处理行为是否符合法律依据将非常有用。

4. 数据存储

这部分是 IT 运营和 IT 安全的问题。不同类型的存储方式，如本地存储或云存储、自行管理或由第三方管理，都伴随着不同程度的风险。

这也与数据保留方式有关。例如，有些企业为了使客户未来的购买更加便捷，会保留客户的信用卡号码。而有些企业原则上不存储任何此类数据，以减少未来可能发生的数据泄露的风险。

根据研究目标的深度水平，你应该详细记录评估结果。我们建议至少采用高—中—低三个等级的评估体系，并针对需要紧急处理的情况设置特殊的"警报"标识。根据研究范围，将风险评估结果存储在电子表格或数据库中，并生成可视化报告。表 5-3 是此类可视化报告的示例。

表 5-3　风险评估可视化报告

情况	示例	风险
数据采集	客户地址	高
数据传输	客户地址在内部办事处之间传输	高（违反 GDPR 数据传输规定）
数据处理	从地址中提取邮政编码以进行市场分析	低
数据存储	在关系型数据库中无限期存储地址	中（数据库包含个人数据并允许在通过身份验证的情况下进行远程访问）

将隐私风险管理措施与组织的更广泛的企业风险管理框架保持一致同样很重要。例如，需要保护和谨慎处理公司个人身份信息（PII）与其他敏感数据之间的关系。一个全面的战略将同时涵盖这两方面。

5.6.2　技术战略

有两大类工具与数据隐私战略相关：数据治理工具和隐私增

强技术。

数据治理工具首先要说明的是数据目录：它是组织中所有数据的主数据库。根据数据成熟度的不同，你的组织可能已经有一个数据目录了。如果没有，你需要创建数据目录，但这项工作要与制定数据隐私战略分开，因为创建数据目录本身就是一项巨大的工作。即使已经存在数据目录，你还需要检查数据隐私所需的所有元数据是否都已被记录。

其他数据治理工具专注于数据血缘、数据质量、元数据管理、主数据管理、生命周期管理、政策管理以及审计和合规。并不是说实施数据隐私战略需要所有这些工具，它们当然不是必需的，但在各个方面都可能提供帮助。通常，这些是大型数据治理平台的功能。

隐私增强技术是小型的、战术性的工具。其中一些，如数据掩码等形式，可能是大型平台的功能。有一些技术较新，还未被整合到企业产品中。这里主要介绍几个隐私保护技术类别，包括伪匿名化/匿名化、加密和合成数据。这些技术可以支持实现数据隐私战略的各种目标，包括数据最小化和管理访问控制。

伪匿名化是用人工标识符或假名替换数据集中的识别字段，使数据集不直接与个人相关联。然而，由于原始标识符和假名之间仍然存在联系，原始数据可以被恢复并被重新识别。匿名化是移除或修改直接和间接标识符，使数据无法被重新识别。加密是使用数学技术将数据转换或转化为不可读格式的过程，以防止未经授权的人读取数据。合成数据是指作为真实世界数据替代品的人工制造数据。还有一些其他先进的技术直到近期才被应用，或者至少在计算能力和软件技术的最新进展下变得实际可行。我们将在第 7 章中进行详细地讨论。

5.6.3　数据处理战略

这是制定战略中极其重要的一部分。原则上，需将所有在本地处理和存储的用户数据，经过汇总或匿名化后传输到中央数据中心进行分析。或者在 × 国的办公区域内处理所有个人数据，且本地存储的时间不会超过交易所需的时间。然而，它不会阐述每个数据元素的详情。

5.6.4　优化数据流

在了解数据所在国家及各地需要处理哪些数据之后，可以按如表 5-4 所示的方式制作一个包含这些国家的矩阵。

表 5-4　数据传输矩阵

数据输出地	数据输入不同地区的复杂程度							
	巴西	加拿大	中国	欧盟	印度	南非	新加坡	美国
巴西				中等				
加拿大				容易				
中国								
欧盟	困难	容易	困难		困难	困难	困难	容易
印度	容易	容易	容易	容易		容易	容易	容易
南非	中等	中等	中等	中等	中等		中等	中等
新加坡				容易				
美国	容易	容易	容易	容易	容易	容易	容易	

在制定数据存储或传输战略以供处理或进一步使用数据时，这个矩阵将帮助你评估每个选择的复杂程度。例如，如果从欧盟向印度传输数据存在问题，但从印度向欧盟传输数据则没有问题，你便可以决定将数据集中在欧洲经济区进行处理。

5.6.5　同意管理

许多法规要求获得数据主体的同意才能存储他们的个人数据。即使没有这样的法规，你也可能选择这样做，以保证透明度并建立与客户、合作伙伴之间的信任。这看起来很简单——在数据输入表单上放一个简单的复选框，解释数据将如何使用即可（或链接到隐私政策，很少有人会费心点击）。

然而，当深入到细节时，管理同意是相当复杂的，在某种程度上，它几乎反映了跨国数据隐私管理的全部挑战，只是规模较小。

以本书中（假设）拥有的电子商务公司为例。公司在特定日期从特定国家的特定客户那里获得了针对特定目的的数据使用授权许可。随着时间的推移，条款、条件或隐私政策会发生变化，因此了解公司何时获得了这个同意很重要。背景同样重要：公司承诺如何使用这些数据？业务分析、市场营销、客户支持或产品团队会提出新的数据用途，此时需要将新用途与背景进行复核。更复杂的是，根据许多法规，数据主体有权撤回同意。你可以看到，管理同意可能需要政策、程序和数据管理工具。

5.6.6　数据保护影响评估的使用

数据保护影响评估（DPIA）是一种评估工具，用于评估处理个人数据时的隐私风险，以最小化风险并确保处理行为遵守隐私法律法规。根据 GDPR，在可能涉及对个人信息构成"高风险"的新项目启动时，必须进行 DPIA[⊖]。当组织引入影响个人信息处理的更新时，建议进行 DPIA。

⊖　请参见：https://gdpr.eu/data-protection-impact-assessment-template/

在进行 DPIA 时，首先需要进行准备和初步分析，以确定是否需要进行 DPIA。一些组织设置了评估阈值，有时通过问卷形式检查是否收集、存储、使用或披露了个人信息。确定需要进行 DPIA 后，进行规划，内容包括时间表、将使用的风险模型以及负责执行分析的人员。然后进行信息流的分析和映射。就是进行数据流文档化的过程，分析将收集、使用和披露哪些个人信息，它们将存储在哪里，如何保护它们，谁能访问它们以及为什么需要以特定方式处理它们。完成后，进行隐私影响分析和评估，识别风险和漏洞，并提出消除、最小化或降低风险的建议。在分析风险和选择应对措施时，遵守隐私法律法规十分重要。所有这些信息都需要在 DPIA 模板中报告和记录。此外，监控 DPIA 建议的实施情况也很重要。

世界各地的不同组织和机构提供了多种 DPIA 模板。需要注意的是，这些模板可能因司法管辖区不同而有所差异，如何使用取决于具体法律法规对隐私的要求。

5.6.7 隐私设计

这些公认的原则是具有强大数据隐私文化的组织的最佳实践。事实上，隐私设计在某些法规（如巴西的 LGPD）中是一项要求。

隐私设计最初是由加拿大安大略省前隐私专员安·卡武基安博

士提出的。它是一个将隐私主动嵌入 IT 系统、网络基础设施和商业实践设计与运营中的技术框架。它包含 7 个原则，如下所述（摘自安大略省隐私专员提供的隐私设计资源）：○

- **主动而非被动；预防而非补救**。在隐私侵犯事件发生之前就对其进行预测和识别并防止其发生。

- **隐私作为默认设置**。为系统或商业实践的默认配置中设置最高级别的隐私保护。这样，即使用户未采取任何措施，其隐私也能得到全面保护。

- **隐私嵌入设计**。将隐私设置嵌入 IT 系统和商业实践的设计和架构中，而不是事后将其作为附加功能来实施。

- **全功能性**——正和博弈而非零和博弈。以正和博弈的方式同时兼顾合法利益和目标，在隐私和安全之间建立平衡。

- **端到端安全**——全生命周期保护。在数据的整个生命周期内嵌入强有力的安全措施，以确保信息从始至终得到安全管理。

- **可见性和透明度**——保持开放。向利益相关者保证隐私标准是开放、透明的，并接受独立验证。

- **尊重用户隐私**——以用户为中心。通过提供强大的隐私默认设置、适当的通知和对用户友好的选项来保护用户的利益。

○ 请参见：https://www.ipc.on.ca/wp-content/uploads/2018/01/pbd-1.pdf

5.7 数据隐私战略与数据战略之间的相互作用

在本书前面的部分，我们提到了组织的数据隐私战略与数据战略之间的联系，理解这种联系非常重要。

有人可能会认为数据隐私战略应该是数据战略的一部分。这当然是可能的，但它不仅仅是数据战略的一个子集，而是一个基础层。当公司确定如何采集、处理、存储和分析数据时，必须同时考虑这些行为如何与隐私法规、利益相关者期望和伦理考量保持一致。缺乏健全的数据隐私战略可能会使组织面临法律、声誉和运营方面的风险而危及更广泛的数据计划和目标。

5.7.1 运营协同

两种战略的一致性可以产生运营协同效应。例如，公司可能会将整合数据孤岛作为其数据战略的一部分，以简化分析流程。在这种情况下，数据隐私战略可以用于决定哪些数据被整合在一起，从而避免不必要地合并敏感个人信息，将风险降到最低。

健全的数据隐私战略可以确保组织遵守法规，并使组织与客户、合作伙伴和利益相关者建立信任。当个人看到组织根据制定的战略负责任地使用他们的数据时，会增强对品牌的忠诚度，组织也能提高客户留存率。

5.7.2　冲突

目的和数据隐私之间可能也会存在冲突。一方面，组织的目的是充分利用数据以保持竞争力；另一方面，组织需要谨慎而合规地处理数据，以避免法律风险并维护客户信任。数据战略通常致力于推动创新地使用数据，例如预测分析、机器学习和其他人工智能技术。数据隐私战略则必须确保这些创新使用方式基于负责任的数据实践，评估创新数据使用方式的伦理影响、同意要求和潜在风险，以确保创新行为不越界。

5.7.3　一致性

理想情况下，这两种战略应同步制定。在讨论数据战略时，隐私专家应参与其中，反之亦然。如果组织尚未正式制定数据战略，此时正是良好时机。然而，在许多组织中已有数据战略（且包含一些数据隐私元素）。此时建议组织对数据战略进行审查，组织在理解大部分内容将保持不变的同时，要对涉及数据隐私的部分保持开放态度并进行必要的更新。如前所述，数据隐私战略不应是一成不变的文件——它需要被定期审查。数据战略也是如此。在当今数据及相关技术快速发展的时代，数据战略显然应至少每年被审查一次。

5.8　组织的其他战略和框架

除数据战略外，组织可能还有其他与数据隐私保护部分重叠的战略和框架。

5.8.1　风险管理

一些组织可能设有明确的风险管理框架。该框架可能涵盖数据保护，尤其是对数据泄露（包括公司信息，如个人信息的泄露）所带来的风险的管理。个人信息泄露的法律、运营及声誉风险是数据隐私战略与风险管理框架重叠且需要协调的重要领域。

5.8.2　负责任技术

组织可能还制定了关于负责任技术的政策、战略或框架。负责任的技术框架在技术开发和部署时考虑伦理因素，通常强调创建或使用优先保护用户数据和尊重个人隐私权的技术解决方案。因此，该框架制定了确保数据采集透明、存储安全、知情同意以及用户能够控制其数据的实践和政策。隐私设计可以作为负责任技术框架中的一项建议，这对数据隐私战略大有裨益，需充分整合。

5.8.3　与 IT 战略的协调

在组织中实施数据隐私战略很大程度上依赖于 IT 基础设施、政策和运营。因此，我们需要探讨 IT 战略与我们正在制定的数据隐私战略之间的关系。IT 战略概述了支持组织目标的技术路线图。这意味着通过提供可靠的基础设施支持运营，以使日常工作更加高效，但同时也意味着要预防危机事件的发生。数据保护是 IT 安全目标的重要组成部分，必须避免有意或无意的数据滥用。这就是数据隐私战略的作用所在——帮助降低这些风险。

任何健全的 IT 战略的核心意图都是为了增强运营、推动创新和优化资源分配。然而，每项技术举措往往都会留下数据足迹。无论是部署新的云解决方案还是采用物联网框架，都必须评估相关的数据流和数据存储的隐私影响。数据隐私战略是一面透镜，组织可以通过这面透镜审查 IT 举措，确保 IT 举措不会无意中损害数据保护标准。

1. IT 安全

IT 安全是 IT 和数据隐私保护必须联手的领域。数据隐私战略的核心组成部分是确保个人数据的安全，这与 IT 战略对网络安全的强调直接相关。在数据隐私背景下进行的分析，可以突出高风险的数据或交易。数据隐私政策规定的数据最小化、加密或保留计划可以通过最小化数据泄露发生时的影响来降低风险。

当 IT 和数据隐私保护保持一致时，组织可以确保技术基础设施支持业务运营，并保证数据得到加密、访问受到控制，潜在的泄露能够得到迅速处理。

2. 工具和技术

为了有效实施数据隐私战略，IT 工具是不可或缺的。我们提到过数据治理工具（如数据目录）和隐私增强技术（如加密或匿名化）。这些工具通常不是单一执行特定功能（如加密文件）的独立工具。相反，它们需要与组织中的其他企业工具集成，以融入工作流程中。可以看出，这不仅仅是 IT 部门提供一些工具的问题。这些技术的使用必须成为 IT 战略的一部分。理想情况下，两种战略应该保持一致的愿景，强调在所有技术追求中数据保护的重要性。

3. 协作

可以采取一些行动来促进 IT 和数据隐私团队之间的有效协作：

- 交叉培训：IT 人员应该接受数据隐私原则培训，而数据隐私团队应该清晰地了解技术框架。
- 共享平台：采用集成隐私设计功能的平台。这将确保隐私控制自然而然地嵌入到 IT 实施中。
- 保持沟通：促进 IT 和数据隐私团队之间沟通渠道的开放。定期的同步会议能够确保任何技术变更都会经过隐私影响的审查。

IT 和数据隐私团队之间的协作是决定数据隐私战略成功与否的最重要的因素之一。

为跨国组织制定数据隐私战略，特别是在跨境数据流动的背景下，需要采取全面的方法。

到目前为止，你已经了解了制定此类战略所需的所有要素：

- 了解公司运营或传输数据所涉及的每个国家的数据隐私法规。

- 数据流和分类：评估公司的数据清单，识别跨境采集、处理、存储和传输的数据类型。根据数据的敏感度进行分类，确保高度敏感的数据得到更高级别的保护。

- 管理风险——评估运营中与数据隐私相关的风险，并通过政策和措施（如数据最小化、改变数据流或改变处理）来降低风险。

- 制定适合你组织的顶层设计机制，无论是基于原则、以伦理为中心、基于风险、基于标准还是技术驱动的。

- 制定战略大纲，最终完善并充实战略。

你还了解到，在制定这一战略时，与各利益相关者建立伙伴关系至关重要。你需要获得他们的支持，因为没有他们的参与，战略是无法实施的。

|第6章| CHAPTER

战略实施

本书讨论了战略的制定，这可能是一项耗时数月才能完成的复杂工作。战略的实施则是另一项独立的任务。实施工作将涉及组织内部的多个部门和人员。由数据隐私官主导这项工作，或者由其他具备必要能力和权力来推动组织变革的人担任领导者。作为战略的制定者，最好由你亲自负责实施。

6.1 制定实施计划

尽管实施细节不在我们讨论的范围内，但你可能希望你的战略中包含关于实施的顶层设计。我们建议将实施计划作为战略文件的一个章节单独成文。战略文件将具有长期参考价值（尽管需要定期更新）。与此相反，实施计划描述的是一次性任务，效用周期一般不长。

与任何项目计划类似，实施计划应包括时间表、资源（财务投入和人力投入）、职责分工、变更管理、风险评估及应急预案。将计划和活动分解为不同的重点领域将更具成效，如人员、治理、技术和企业文化。我们将在后续章节中讨论这些不同领域的具体内容。

6.2　人员

6.2.1　CPO 和 DPO 的角色和职责

首席隐私官（Chief Privacy Officer，CPO）是负责监督和实施组织隐私保护计划的高级管理人员。如果组织规模较大，组织可能会配备一个隐私团队来协助处理数据保护和隐私事务。此外，组织的各个部门应指派数据保护和隐私联络人，以便与 CPO 进行沟通和协调。

数据保护官（Data Protection Officer，DPO）负责监督并确保组织遵守隐私法律法规。GDPR 明确规定了组织必须任命 DPO 的条款，DPO 为组织提供遵循 GDPR 要求的指导和建议。GDPR 为 DPO 分配了以下六项主要职责：[⊖]

- 接收数据主体就其个人数据处理和 GDPR 相关事宜提出的意见和疑问。
- 向组织及其员工通报其在 GDPR 及其他适用欧盟成员国的数据保护法规下的义务。
- 监督组织对 GDPR 及其他适用欧盟成员国的数据保护法规的遵循情况，为员工提供培训，并开展合规性审查。

⊖ 请参见：https://gdpr.eu/data-protection-officer/

- 进行数据保护影响评估。

- 与数据保护监管机构保持合作。

- 作为组织与数据保护监管机构之间处理个人数据和其他相关事务的联络点，进行及时沟通与协调。

建议 DPO 不向 CPO 汇报，以确保其独立性和公正性。因此，DPO 应直接向高层管理人员（如首席执行官或董事会）进行汇报。根据组织的设置、规模及实际需求制定实施汇报的流程。

某些组织还会设立首席数据官（Chief Data Officer，CDO）。该职位的职责通常不专注于数据保护或数据隐私，而是更广泛地管理组织的数据战略。CDO 的主要目标是确保数据能用于支持业务成果。虽然他们理解谨慎处理个人数据的重要性（及法律要求），但个人数据通常仅占组织所使用数据的一小部分。在同时存在 CDO、CPO 或 DPO 的组织中，这些角色显然需要密切合作。

6.2.2 隐私委员会

组织应成立一个隐私委员会或理事会，以支持数据保护和隐私治理工作。该团队应包括法务、人力资源、IT、信息安全、宣传及采购等相关部门。委员会可能会在隐私事务的执行上做出战略性决策。明确团队角色定位和职责以及各成员的具体责任至关重要，并应记载在会议纪要和决策文件中。

6.2.3　主要利益相关者

如上所述，实施隐私保护工作需要与不同的利益相关者合作。我们希望特别强调以下几个利益相关者的例子：（a）人力资源（HR）部门负责处理员工的个人数据，由于员工享有隐私权，HR 需要确保数据处理遵循组织的政策和程序；（b）宣传部门负责公司的内部沟通，以提高员工的数据隐私意识，加强宣传力度，并向消费者和公众进行外部传播，以展示公司数据实践的透明度。将公司的隐私保护实践作为战略差异化因素来展示，也是一个通过推广加强消费者对公司服务和产品信任的良机。

6.3　治理

实施计划应包括组织开发治理机制的相关活动。从隐私运营生命周期的角度来看，分为以下阶段：（a）评估隐私计划中的场景、差距和成熟度；（b）通过实施安全控制和实践，确保全生命周期的数据安全；（c）通过监督、审计和其他活动维护和持续改进隐私计划；（d）及时响应数据主体的请求和数据安全事件。

基于上述内容，实施计划将包括以下开发工作：制定隐私政策，进行隐私通知，制定接收及响应数据主体请求的标准操作流程和程序，进行数据影响评估，管理数据泄露，完成数据映射和其他关键活动。制定数据共享协议和合同条款也很重要，特别是针对跨国家和地区共享数据的情况。如前文所述，必须建立并运营数据保护和隐私委员会，以支持治理活动。

6.3.1　同意管理

同意管理可能很棘手，尤其是在大型国际组织中，数据在不同部门和国家之间流动的情况。同意通常是在特定情境下做出的。用户有权撤回同意并要求删除他们的数据。这使得同意管理成为实施数据隐私战略的关键信息管理目标之一，需要正确的政策、流程和技术来妥善管理。

6.3.2　事件响应

事件响应的政策和流程尤为重要。当发生数据泄露事件时，组织必须迅速采取行动来控制问题。IT 团队需要从技术角度解决问题。法律或法规可能要求组织向政府或数据主体通报数据泄露情况。制定危机沟通战略是明智之举，要尽可能向公众通报情况并防止事态升级。

6.3.3　采购

必须制定并保持执行相关政策和程序，以确保组织在从供应商采购服务、技术和工具时遵守隐私规定。必须进行尽职调查，以确保供应商的产品符合组织必须遵守的特定法律法规，包括现场审核或审查审计报告。在合同方面，必须有条款明确界定各方的责任和义务，降低责任风险，并减轻不合规风险。

6.4　技术

技术是实施计划的主要组成部分。本书指支撑实施数据保护和隐私事务的平台和工具。在这个领域，必须制定并分析有关使用此类工具的可行性研究和商业案例。这些工具可能包括系统和个人身份信息数据的清单，管理数据保护和隐私计划的平台（管理数据主体请求、执行数据分类和标记、数据映射等），以及隐私增强技术。确保有足够的资金来使用这些工具也很重要。

6.5　企业文化

有多种举措可以帮助组织在内部培养数据保护和隐私文化。其中一种方式是员工培训与意识培养。这些举措可以与实施同步展开。组织必须在员工培训与意识培养方面大力投资，因为这为员工提供了明确的指导，告诉他们应如何确保自身行为与公司的隐私政策和程序保持一致。培训活动可以针对不同的群体——包括面向所有员工的基础意识培训、针对数据保护和隐私联络人的深入培训、针对 IT 人员的特定技术培训，以及为数据保护和隐私团队提供的认证培训。宣传战略与提供培训是能够相互有效补充的活动。

诸如研讨会、午餐会或与部门（或小组）的会面等外联活动，也可以补充培训工作，这些活动能够提高员工对数据保护和隐私举措重要性的认识。

学习类似组织在制定和实施战略方面的经验，并将这些经验教训加以应用，也会非常有益。与其他组织的合作还会为新机会的出现打开大门，并为发展数据保护和隐私领域和加强合作关系提供良好契机。

7

新兴技术对数据隐私的影响

世界正在迅速变化，尤其是在数字信息领域。新一代信息技术的使用和信息传播的新方式给数据隐私保护带来了挑战。例如，一些信用卡公司早在 20 世纪 90 年代就掌握了匿名销售数据的方法，但它们仍震惊于新的数据分析和人工智能工具可以如此轻而易举地实现数据去匿名化。企业为抢占市场、争夺客户，往往会将数据保护置于次位。本章就相关技术进行探讨。

7.1　人工智能

人工智能（AI）已席卷全球。不依赖人工智能发展的组织可能前景堪忧，将很快面临时代的淘汰。

驱动人工智能的核心是数据。如果你想监测异常、预测结果或自动化决策，你需要为人工智能提供访问数据的权限，包括历史训练数据和实时动态数据。

已被详细记载的人工智能系统风险包括偏见、歧视（针对个人或群体）、不公平以及侵犯隐私等，其中大多数问题都与数据隐私相关。

生成式 AI 是一种正在被工作者广泛采用，以帮助撰写电子邮件、新闻文章、分析报告，甚至法律论据的工具，如 OpenAI 的 ChatGPT 和 Google 的 Bard。然而，AI 在响应用户查询，调取个人数据训练大模型时，会因不慎泄漏数据而受到指责。还有一些负面新闻指出，用户将机密业务数据（如会议记录和计算机源代码）作为查询的一部分（"提示词"）上传到公共平台，导致这部分数据内容被分享给了提出相关问题的用户。

即使不使用公共平台，而只是在组织内部使用私有 AI 系统，仍会存在 AI 自动从其可访问的个人数据中推断信息，以不可预见的方式处理数据的风险。AI 未来可能会在组织中变得无处不在，因此数据隐私战略必须考虑到这一点并防范这些风险。数据隐私是 AI 政策制定时需要处理的重要问题之一。

例如，许多 AI 系统本质上是黑箱——甚至开发人员也不知道神经网络层中究竟发生了什么，这引发了一个问题：当数据在这种不可预测的 AI 系统中被使用时，如何进行隐私影响评估。

在第 5 章中，我们看到分析数据在组织内的流动情况以及数据处理的位置是设计数据隐私战略的重要组成部分。在实施战略时，需更详细地研究被处理的数据类型。当部署 AI 系统（或系统内的组件）时，使用了哪些数据以及如何使用数据很快就会变得不清楚，这使得遵守原则、政策或法律变得更加困难。

从提及"自动化决策"（GDPR）或"算法决策"（参见 2019 年美国的《算法问责法案》[⊖]）的各种法规中可以注意到 AI 在数据隐私中的重要性。在很多情况下，AI 系统使用个人数据并影响数据主体——因此它们完全属于数据隐私战略覆盖的领域。

如果你的组织有 AI 战略或政策，那将与数据隐私战略极其相关。AI 战略和数据隐私之间的密切联系（如图 7-1 所示）要求我们在 AI 政策方法和数据隐私思维方式上进行调整。

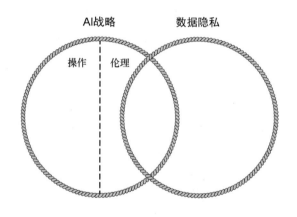

图 7-1　AI 战略与数据隐私之间的密切联系

AI 政策应明确包含使用训练数据集的规则。同时，数据隐私官通常只负责监管公司内部数据库中的数据，需要将其监管范围扩大

⊖　请参见：https://www.congress.gov/bill/116th-congress/house-bill/2231

至涵盖 AI 系统中使用的数据。大部分数据来自外部，在调用时通常不会以数据库中的数据形式存储，而是作为神经网络或大型语言模型中的"知识"进行存储。然而，这些数据可以通过生成式 AI 应用从这些模型中再现出来。因此，显然，组织实际上以某种形式持有这些数据，其中可能包括个人数据。正如你所看到的，这需要一种全新的思维方式。

7.2　物联网

物联网（IoT）是对数据隐私有重要影响的另一个快速发展的领域。物联网指的是从家庭中的智能冰箱、恒温器到工厂和城市中复杂的传感器网络的广泛互联的设备网络。人们所拥有的物联网设备包括：连接到中央服务器的健身追踪器或智能手表、可以远程查看访客或快递的摄像头门铃、可以远程操作的恒温器，或者可以在出现问题时通过手机提醒你的烟雾报警器。甚至"智能"家电，如冰箱、烤箱或水壶，也可以通过 Wi-Fi 连接到互联网。救生医疗设备，如心脏监测器或血压监测器，也是物联网的例子。

连接到中央服务器以进行诊断、触发警报、规划路线或管理电池的汽车也可以视为物联网的例子。2023 年 Mozilla 基金会的一项研究发现，几乎所有汽车制造商在数据隐私方面都存在严重漏洞和隐患。

物联网领域在未来几年可能会持续快速发展。然而，这些设备具备便利性和效率的同时，也伴随着公众对数据隐私和安全的重大担忧。

以下是物联网设备的主要数据隐私问题：

- 大规模数据收集：物联网设备持续收集有关用户行为、偏好和环境的数据。这些数据体量庞大、程度精细，可以详细地描绘出个人生活或公司运营的情况。

- 数据保护不足：许多物联网设备没有完善的加密或数据保护机制。这使得数据容易受到未经授权的访问和滥用。

- 同意：通常，用户没有被充分告知设备正在收集的数据的类型和范围。"同意"可能被隐藏在冗长的条款和条件中，或者根本没有被征询。

- 数据共享：物联网设备收集的数据可能在用户不知情或未经用户同意的情况下被第三方（包括广告商）所共享。这种做法增加了用户隐私泄漏的风险。

- 数据保留：数据存储的时间长度和保留目的往往不明确。无限期存储尤其危险，特别是在发生数据泄露的情况下。

以下是物联网设备存在的主要安全问题：

- 易受黑客攻击：许多物联网设备缺乏强大的安全功能，容易成为黑客攻击的目标。
- 物理安全：物联网设备能够控制物理系统。一台被非法访问的设备可能会令现实世界中的人受到损害（例如，智能汽车的制动系统或工厂的机械可能被非法控制）。
- 缺乏更新：与经常接收软件更新的计算机或智能手机不同，许多物联网设备从未被更新过。这意味着系统漏洞即使被发现了，也未必会被及时修补。

这些问题并非仅仅是理论上的。安全漏洞和其他不幸事件经常发生。以下简要列举了近年来一些备受关注的案例：

- Ring 视频门铃：2019 年底，有多起关于 Ring 视频门铃被黑客入侵的报道，黑客能够访问实时视频，甚至与房主交流。Ring 因未经用户明确同意就与执法机构共享用户数据而受到批评。
- Strava 健身追踪应用：2018 年，Strava 健身追踪应用通过其"热图"功能无意间暴露了敏感的美国军事地点。美国士兵使用该应用追踪跑步路线，不经意地透露了他们在军事基地周围的行踪。

- Vizio 智能电视：Vizio 在 2017 年因收集观众观看习惯的数据，并在未经用户明确同意的情况下将这些数据出售给第三方广告商而面临批评和法律诉讼。

- Fisher Price 智能熊：这款玩具熊在 2015 年被发现存在安全漏洞，这些漏洞可能允许黑客收集儿童及其父母的个人数据，包括姓名、生日和性别。

- St.Jude Medical 的植入式心脏设备：2017 年，美国食品药品监督管理局（FDA）确认了 St.Jude Medical 的植入式心脏设备存在安全漏洞，这些漏洞可能允许未经授权的访问，进而可能会对患者造成伤害。

- iKettle 智能水壶：这款智能水壶被发现存在安全漏洞，允许黑客通过水壶访问家庭 Wi-Fi 密码。

当然，如果你的公司生产或销售收集和／或传输数据的智能设备，你应该与技术专家一起，从数据隐私和数据保护的角度对其进行审查。即便你的组织只是使用物联网设备，也有必要检查通过这些设备发送的数据类型，以及是否涉及个人数据。数据收集可能并不是显而易见的，例如，如果你的卡车配备了跟踪设备以便在向客户交付货物时有效地规划路线，那么这些跟踪器设备就会记录客户的地址。

7.3　隐私增强技术

在第 5 章中，我们已经讨论了一些当今常用的支持数据隐私保护的技术，如匿名化（或去标识化）和加密。一些新的、先进的技术也正在出现。

近年来，许多对数据隐私保护非常有用的技术都取得了快速发展。其中一些技术在学术文献中已经被探讨了很长时间，但一直停留在理论的可能性阶段，在实践中并不可用。然而，随着计算能力和软件技术的进步，许多技术现在正在成为实用工具。不仅仅是计算能力的提高促进了隐私增强技术（PET）的进步，技术界对此的兴趣也在增加，它们已经认识到数据隐私在当今世界的重要性。

7.3.1　同态加密

同态加密（HE）（如图 7-2 所示）是一种加密方法，它允许在加密数据上进行计算，而无须先解密。这对于云中的隐私保护计算非常有用。

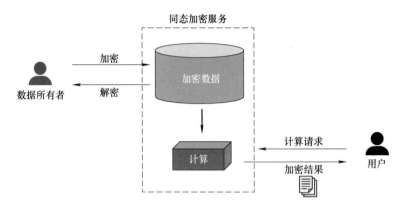

图 7-2　同态加密示意图

同态加密有不同的级别：

- 部分同态加密（PHE）仅支持一种类型的操作，要么是加法要么是乘法，但不能同时支持这两者。
- 近似同态加密（SHE）支持加法和乘法操作，但仅限于有限次数操作。在一定次数的操作之后，每次加密操作期间添加的噪声会累积，从而使解密结果容易出错或无法解密。
- 全同态加密（FHE）支持无限次数的加法和乘法操作，而不会导致解密错误。这是同态加密中最强大的形式，一直是密码学研究的主要课题。

全同态加密被誉为云安全领域的圣杯。它无疑将成为物联网设计中极为有效的解决方案。然而，由于计算量大且使用方法复杂，它过去一直难以实现，这也意味着它过去并不是一个可行的选项。

但这种情况正发生改变。随着处理器速度的提高和软件（如优秀的开源 openFHE 库[一]）的优化，全同态加密正在逐渐成为实用的解决方案。

7.3.2　统计披露控制

统计披露控制是指在调查和研究中应用一系列措施，以保护个人或组织的身份数据不被识别。其采用去标识化方法，如删除直接个人标识符，并对准标识符应用泛化或抑制规则。使用这些字段不会直接识别个人，但结合其他字段使用时可帮助识别个人。已开发了以下技术用于通过抑制和泛化方法来降低匿名性风险：

K- 匿名性[二]：指一种使生成的数据集中至少有"K"条记录在某些"识别"属性上无法彼此区分的技术。

L- 多样性[三]：指在 K- 匿名性方法的基础上，确保结果数据集中每组的"K"条记录的敏感属性上至少具有"L"个不同的值。

T- 接近度[四]：指在 L- 多样性方法的基础上，通过降低数据粒度

[一]　请参见：https://www.openfhe.org/

[二]　Samarati,P.; Sweeney,L.Protecting Privacy when Disclosing Information: k-Anonymity and Its Enforcement through Generalization and Suppression. https://dataprivacylab. org/dataprivacy/projects/kanonymity/paper3.pdf

[三]　Machanavajjhala,A,Et. Al. (2007) L-Diversity: Privacy Beyond K-Anonymity

[四]　Li,N.,et al (2007). "T-Closeness: Privacy Beyond k-Anonymity and l-Diversity

进一步提高隐私保护程度的技术。

ARX 是一个开源数据匿名化工具，提供了上述功能以及其他数据隐私方法。许多出版物（尤其是医疗和健康领域的）都使用了 ARX 工具。

7.3.3　差分隐私

差分隐私是一种向数据集中添加受控噪声以保护单个数据点的技术框架。尽管相对较新，但它已被许多组织广泛采用——如苹果和谷歌等大型科技公司已使用它进行用户数据分析。美国人口普查局也使用差分隐私技术与公众共享数据，同时避免数据元素可能被追溯到特定个人的风险。

OpenDP⊖是哈佛大学开发的一个优秀开源框架。前文提到的 ARX 数据匿名化工具也提供差分隐私功能。

7.3.4　零知识证明

零知识证明（ZKP）是一种密码学方法，允许一方在不透露任何关于陈述本身信息的情况下，向另一方证明某个陈述是真实的。

⊖　请参见：https://opendp.org/

这些方法已在区块链和其他领域得到了应用，强调了注重隐私的技术不断扩展的格局。具体来说，zk-SNARK 和 zk-STARK 协议是其中流行的例子。加密货币 Zcash 使用 ZKP 来保护交易隐私。

7.3.5　多方计算

多方计算（MPC）是密码学的一个分支，它允许多个参与方在保护各自输入隐私的前提下，共同计算某个函数的结果。

设想一下，各个参与者都掌握着一部分秘密信息，共同合作以获得一个共同的结果，而不会透露各自的秘密。例如，MPC 的一个经典例子是"百万富翁问题"，两个百万富翁想知道谁更富有，但不向对方透露各自的实际净资产，通过 MPC 就可以实现。

MPC 在现实世界中的潜在应用非常广泛。例如，在医学研究中，研究机构可以聚合健康数据以检测模式或分析治疗的效果，而无须访问个体患者记录，从而保护其隐私。同样，企业可以利用 MPC 进行安全的数据挖掘和分析，从合并的数据中获得洞察，而不暴露专有或敏感数据。

7.3.6　联邦学习

联邦学习（FL）是一种解决数据隐私和安全问题的机器学习方法。与集中化数据处理方式不同，FL 直接使用用户设备（如智能手机或平板电脑）资源来训练模型，只有模型更新或梯度（而非原始数据）会被发送到中央服务器进行聚合。这确保了敏感数据永远不会离开用户的设备。

在这种方法中，个人数据无须在网络间传输，降低了数据泄露的风险。联邦学习也成为在遵守 GDPR 等法规中有关数据传输的规则的同时，能够利用数据进行分析的有效工具。联邦学习的实现并不容易，需要开发能够处理来自各种来源的异步更新的算法。如果不能正确处理，设备间不均匀的数据分布也可能导致模型出现偏差。尽管如此，联邦学习仍然前景光明。通过在不损害用户隐私的情况下实现模型训练，它允许在遵守隐私原则或法律的同时利用数据。

7.3.7　合成数据

合成数据指的是作为真实世界数据替代品的人工制造的数据。使用合成数据的目的是在不泄露隐私的前提下，促进不同组织和实体之间的数据共享和算法开发。合成数据保留了原始数据的结构和属性，可用于训练和测试机器学习模型或测试应用程序。

合成数据库（Synthetic Data Vault[⊖]）是由麻省理工学院（MIT）研究人员 Kalyan Veeramachaneni 及其合作者开发的一款开源工具，用于创建和使用合成数据集。

7.3.8　去中心化身份系统

去中心化身份系统（DIS）利用区块链（或其他去中心化架构）赋予用户对其自身身份信息的控制权。

传统的由单一实体控制的集中式身份系统很可能会发生数据泄露，危及个人用户的隐私和安全。相比之下，去中心化身份系统将控制分散在网络中，减少了单点漏洞。

此类系统的核心是"自主身份"的概念。这意味着用户创建和管理自己的在线身份——他们完全控制自己的身份数据，决定谁可以访问、何时访问，以及出于什么目的访问。在去中心化身份系统中，个人数据不存储在集中式数据库，而是存储在去中心化的系统（如分布式账本或区块链等）中。

从数据隐私的角度来看，这是一种变革。允许个人只共享可验证的声明或证明，而不是原始数据，最大限度地减少了不必要的数

　⊖　请参见：https://news.mit.edu/2020/real-promise-synthetic-data-1016

据暴露。例如，对于一个人的年龄，他可能只需要证明自己超过18 岁，而不需要透露确切的出生日期。

这些系统仍然面临一些挑战，如互操作性或广泛应用等。然而，从数据隐私的角度来看，内置而非附加数据隐私保护政策的技术框架更有发展前景。去中心化身份是 Web3 应用愿景的重要组成部分，并且具有许多其他优势，因此有充分理由相信它们可能很快就会得到普及。

7.4　安全环境

如果从构建存储和处理数据的技术环境底层确保安全性，会怎么样？那将为数据保护提供更多新的机会。

7.4.1　安全操作系统

在安全的操作系统中运行应用程序，可以将安全性提至更高水平。Qubes OS[⊖]是一个免费、开源、面向单用户桌面计算的安全导向型操作系统。它在虚拟机上运行。

　　⊖　请参见：https://www.qubes-os.org

SELinux[⊖]（安全增强型 Linux）是一个著名的 Linux 安全扩展应用，它涵盖许多现代的概念和工具。SELinux 源于美国国家安全局的研究。它专注于基于角色的访问控制和强制性访问控制，遵循最小权限原则。SELinux 是免费和开源的。

另一个例子是 Tails 操作系统，它更侧重于防止监视和审查，但也适用于数据隐私保护。

目前，这些工具主要面向个人用户，与构建企业数据隐私战略并不直接相关。但它们具有独特之处，未来，这些概念或许会得到扩展应用，使整个数据中心能够在更加安全的环境中运行。

7.4.2　安全硬件隔离区

如果将安全设计进一步下沉到处理器（CPU）级别会如何？实际上，这一想法已经实现了——它们被称为安全硬件隔离区，如英特尔的软件防护扩展（SGX）和 ARM 的 TrustZone。

这些安全硬件隔离区在处理器内部创建了隔离的、受保护的区域，这样即使系统的其他部分已受到破坏，也可以在隔离区内处理数据，而不会暴露给系统的其他部分。从数据隐私的角度来看，这

　　⊖　请参见：https://github.com/SELinuxProject/selinux

提供了极高级别的保护。安全硬件隔离区可以保护敏感数据免受基于软件甚至基于某些硬件的攻击。当系统遭受恶意软件侵害时，安全硬件隔离区为数据提供了一个安全的避风港，数据会保持加密状态且不可被访问。

该技术目前尚未被广泛应用，但预计未来会广泛普及。它对云计算环境尤为重要，因为在云计算环境中，多个客户共享计算资源。借助隔离区，数据可以被安全地处理，无须担心云服务提供商或其他客户查看或篡改数据。

7.4.3　混网

数字环境中的另一个脆弱环节是服务器之间的网络。混网（Mixnet）试图通过加密技术解决此问题，以加强数字通信中的用户匿名性和数据隐私保护。

Mixnet 的工作原理是通过一系列节点（称为混合节点）以非线性顺序传递用户消息。每个混合节点都会打乱消息的顺序，并通过加密技术改变其外观。当消息离开网络时，几乎不可能追踪其来源路径，从而保证发送者的匿名性。

不同于传统的注重内容隐私的加密方法，Mixnet 专注于元数据隐私。尽管加密后的消息难以被读取，但仍有可能通过元数据（如发送者、接收者或时间戳）进行追踪。通过对这些元数据进行随机化和模糊化处理，Mixnet 能够保护通信中的发送者、接收者和时间戳，而不仅仅是信息内容。

正如本章所讨论的其他技术一样，Mixnet 目前只是一种技术可能性，尚未得到广泛采用。运行 Mixnet 的高成本以及标准化的缺乏是阻碍其普及的因素。然而，随着数据隐私保护日益受到重视并逐渐成为强制性要求，这项技术也可能开始得到更广泛的应用。

7.5　元宇宙

2020 年，几乎人人都在谈论元宇宙。而几年后，这一术语的热度明显下降。即使是曾经对此寄予厚望并将公司名称改为 Meta 的 Facebook，也变得相对沉寂，转而专注于人工智能。但是，虚拟现实（VR）和增强现实（AR）技术依然存在——硬件（头戴设备）和软件（虚拟世界）方面的新进展会被定期公布。元宇宙的概念很可能会在未来某个时刻再度兴起。

"元宇宙"仍然只是一个概念。它的一些元素以在线虚拟游戏、允许使用头戴设备参与会议等商业应用形式存在。但构建平行虚拟世界的集成体验是一个尚未实现的未来愿景。

本书将元宇宙定义为虚拟环境或一组可互操作的虚拟世界的集合。这些虚拟世界可以通过多种方式体验，尤其是通过 VR/AR 头戴设备。Meta/Oculus、HTC、索尼、三星和 Magic Leap 等公司已经推出了头戴设备，并且不断有新的玩家进入市场。元宇宙具有持续性——不同于需要在新游戏会话开始时重置的电子游戏，虚拟世界是持续存在的。元宇宙是大规模多用户的：成千上万甚至数百万的用户（以化身或其他形式）同时出现在虚拟世界中，并进行互动。这种互动使虚拟世界"活"了起来。它允许进行通信（对话、聚会或研讨会）、协作（商务会议、共同努力或任务）、竞争（虚拟游戏）和商业活动（买卖虚拟商品，有时还包括买卖现实生活中的物品，如音乐会门票或时尚配饰）。

许多现代 VR/AR 头戴设备都配备了传感器，能够监测最细微的头部动作，甚至可以通过头戴设备内的小型摄像头进行眼动追踪。通过这种方式，头戴设备及元宇宙体验的提供者可以获取用户的行为和情绪。在过去，广告商只能知道你是否点击了网站广告。而在元宇宙中，广告商能够清晰地知道你只是短暂瞥了一眼广告，还是停留了数秒仔细看了广告，以及广告是否触发了你的任何情绪反应。此外，你在这些虚拟世界中的每一个动作、每一项行为、每一次停顿、每一次与其他元宇宙虚拟居民的交流都会被记录下来——平台要根据你的活动实时为你生成虚拟体验，所以必须记录。

从数据隐私的角度来看，在元宇宙或任何用于游戏、社交互动或商业的虚拟环境中采集行为和生物特征信息，无疑将数据隐私保护提升到了一个新的高度。在虚拟世界中，虚拟角色背后的用户的物理位置和国籍往往不为人所知，这使得数据隐私法律的适用性变得更加复杂。如果元宇宙有朝一日成为我们体验生活的重要组成部分（通过 AR 技术，现实生活和虚拟生活之间的界限可能开始模糊），并且所有这些生活都被持续监控，那么就需要一套新的数据伦理、原则和法律。

实现元宇宙的技术基础——虚拟 3D 环境、交易处理和 VR/AR 硬件——都在不断发展。此外，有了生成式人工智能的技术发展，已不需要手动创建虚拟世界中的物体和景观的 3D 模型（这是一个耗时的过程），因为它们可以自动生成，并且生成的 3D 模型具有高分辨率且数量不限。随着技术难题不断被攻克，元宇宙将成为现实。如果这种情况发生，数据隐私将不可避免地成为关键议题。如果你的组织有加入元宇宙的计划，就应将数据隐私纳入战略规划之中。

结　　论

恭喜你完成了本书的阅读！

我们已经认识到，数据隐私并非单一的概念。它在不同国家之间存在显著差异，受文化价值观、历史经验和社会政治动态的影响。有的国家优先考虑个人权利和个人自由，有的国家则更加重视数据对经济的益处。

此外，当前公众的信任基础十分脆弱，组织应认识到数据隐私不仅仅是合规性问题——它涉及建立信任并体现对数据背后的个人的尊重。个人数据的泄露或（有意或无意的）滥用会带来法律和财务风险，并损害组织的声誉。

制定一个健全的数据隐私战略需要理解全球环境和地方特色，同时深入了解组织的数据流动和数据使用情况。这需要一个专门的团队、全面的培训以及对数据隐私原则的投入。

随着全球数字化迅猛发展，数十亿人的个人数据在多个国家和系统中不断被创建、传输和存储。数据隐私保护也将随着数据新用途的不断涌现发展演进。

我们不应将数据隐私保护视作一种麻烦，而应将其视为一种机遇，这是组织通过诚信和信任脱颖而出的机遇。

希望你喜欢阅读这本书，也希望它对加强组织的数据隐私建设有所助益。

推荐阅读

推荐阅读

数据中台：让数据用起来 第2版

超级畅销书

这是一部系统讲解数据中台建设、管理与运营的著作，旨在帮助企业将数据转化为生产力，顺利实现数字化转型。

本书由国内数据中台领域的领先企业数澜科技官方出品，几位联合创始人亲自执笔，作者都是资深数据人，大部分来自原阿里巴巴数据中台团队。他们结合过去帮助百余家各行业头部企业建设数据中台的经验，系统总结了一套可落地的数据中台建设方法论。本书得到了包括金蝶国际软件集团创始人在内的多位行业专家的高度评价和推荐。

本书第1版累计销量超过10万册，第2版更新和新增的篇幅超过60%。

中台战略：中台建设与数字商业

超级畅销书

这是一本全面讲解企业如何建设各类中台，并利用中台以数字营销为突破口，最终实现数字化转型和商业创新的著作。

云徙科技是国内双中台技术和数字商业云领域领先的服务提供商，在中台领域有雄厚的技术实力，也积累了丰富的行业经验，已经成功通过中台系统和数字商业云服务帮助良品铺子、珠江啤酒、富力地产、美的置业、长安福特、长安汽车等近40家国内外行业龙头企业实现了数字化转型。

云原生数据中台：架构、方法论与实践

超级畅销书

从云原生角度讲解数据中台的业务价值、产品形态、架构设计、技术选型、落地方法论、实施路径和行业案例。

作者曾在硅谷的Twitter等企业从事大数据平台的建设工作多年，随后又成功创办了国内领先的以云原生数据中台为核心技术和产品的企业。他们将在硅谷的大数据平台建设经验与在国内的数据中台建设经验进行深度融合，并系统阐述了云原生架构对数据中台的必要性及其相关实践，本书对国内企业的中台建设和运营具有很高的参考价值。

推荐阅读

数据资产入表与数据交易合规指南

作者：江翔宇　书号：978-7-111-77210-1

内容简介

全书共12章，主要内容如下。

第1和2章首先从数据要素市场出发对国家层面的政策和法律沿袭进行了梳理与分析，对国家顶层设计文件"数据二十条"的主要内容进行了介绍；然后对数据资产入表的内涵和意义以及各个相关概念进行比较分析；最后对数据资产入表的具体操作进行简明扼要的解读，帮助读者透彻理解数据要素市场和数据资产入表的底层逻辑。

第3~6章首先对数据资产入表与数据确权的关系进行了深入分析，明确了权属清晰对数据资产入表的底层重要性；然后对确权相关的合规问题以及其他涉及数据资产入表的合规问题进行了深入分析，厘清了关键合规要点，特别是数据来源的合规性；最后对数据资产入表的准备工作和主要路径进行了介绍和梳理，帮助读者迅速掌握操作思路和落地路径。

第7~10章就数据资产入表在主要领域的开展难点进行分析，并就上市公司和非上市公司的具体案例进行分析。具体分为数据资产入表与公共数据、数据资产入表与个人数据、数据资产入表与人工智能三个部分，分别从数据资产入表角度对各自的合规难点、立法现状、未来展望加以深入浅出的剖析。

第11章首先对金融意义下的数据资产管理内涵进行了分析，然后对目前数据资产的金融化探索与实践进行了分析，对其中的法律难点问题进行归纳，并对普遍性开展的难点进行分析和展望。

第12章首先对数据资产入表与数据交易之间的紧密联系进行分析；然后对数据交易的概念、内涵以及法律性质进行分析，并对场内数据交易和场外数据交易进行比较分析；最后对数据交易中的合规性审查要点进行分析归纳。